中华人民共和国
慈善法
学习问答

—— 第二版 ——

于建伟 主编

中国法制出版社
CHINA LEGAL PUBLISHING HOUSE

慈善法的诞生与发展
（导读）

2016年3月16日，第十二届全国人民代表大会第四次会议审议通过《中华人民共和国慈善法》（以下简称慈善法），开启了中国现代慈善的法治化进程。2023年12月29日，第十四届全国人大常委会第七次会议审议通过《全国人民代表大会常务委员会关于修改〈中华人民共和国慈善法〉的决定》，谱写了我国以法促善的新篇章。慈善法的制定和修改完善，是认真贯彻习近平总书记关于发展慈善事业、发挥慈善作用的重要论述精神和党中央重要决策部署，立足中国国情，坚持问题导向，确立基本制度，实行开门立法，正确处理促进和规范的关系、继承和创新的关系，着力提高立法质量，构建中国特色慈善法律制度。本文从立法背景、立法过程、立法思路、主要内容以及修改完善五个方面，对慈善法作一总体上的介绍。

一、慈善法的立法背景

1. 悠久厚重的慈善文化。扶贫济困、乐善好施是中华民族传统美德，慈善文化是中华传统文化的重要组成部分，内涵丰富，源远流长。儒家的"仁爱"、道家的"慈爱"、墨家的"兼爱"、佛家的"慈悲"，无不蕴含厚重的慈善文化思想。古人就曾有过对慈善内涵的相关描述。孔颖达疏《左传》有云："慈者爱，出于心，恩被于物也"；又曰："慈谓爱之深也"。东汉时期许慎著的《说文解字》也解释道："慈，爱也""善，吉也"。慈善二字合用，则是仁慈、善良、富于同情心的意思。战国时期孟子的"穷则独善其身，达则兼善天下"，北宋范仲淹的"先天下之忧而忧，后天下之乐而乐"，成为千百年来中国优秀人物立身处世的座右铭。

2. 快速发展的现代慈善。改革开放以来，以慈善组织专业化运作为特征的现代慈善事业开始起步，2006年至2015年十年间，进入黄金发展期，社会捐赠总额从2005年不足100亿元发展到每年1000亿元左右；各级民政部门登记的非营利组织总数从2005年的不足3.2万个发展到60多万个，大部分在公益慈善领域开展活动；公益慈善活动从扶贫济困逐步向教育、科技、文化、卫生、体育、环保等领域拓展；志愿服务活动蓬勃开展，多元化志愿服务体系初步形成；慈善合作平台不断完善，信息技术在慈善领域得到应用，具有社会影响力的慈善品牌项目大批涌现。

3. 问题频出的现实状况。随着慈善事业的发展，在慈善领域出现许多新情况新问题，如慈善组织内部治理不健全、运作不够规范，公信力不够高，慈善信息公开制度不完善，募捐活动以及募集财产的管理使用不够透明，一些组织违法违规现象时有发生；慈善活动参与人权利义务不够明晰，促进慈善事业发展的优惠政策落实情况不尽如人意，对慈善组织和慈善活动的监督管理不够有效，假借慈善违法敛财、骗捐诈捐等事件造成了严重的社会影响，等等。

4. 社会各界的热切期盼。慈善领域出现的问题伤害了人们的爱心，影响人们参与慈善的热情。慈善事业的健康发展需要法治的引领推动规范和保障。2008年至2015年，共有800多人次的全国人大代表提出制定慈善法的议案27件，还有很多人大代表、政协委员提出尽快制定慈善法的建议和提案。社会各界热切期盼一部确立慈善基本制度、明晰各方权利义务的慈善法尽早出台。

二、慈善法的立法过程

制定慈善领域的综合性法律从最初提出，到2016年3月16日第十二届全国人大四次会议审议通过慈善法，历经十年，可谓十年磨一法，千呼万唤始出来。这部法律的制定，大致经历了三个阶段：

1. 民政部起草阶段（2006年3月至2009年8月）。早在2005年，民政部就向全国人大和国务院提出了制定《慈善事业促进法》的建议。2006年，国务院将《慈善事业促进法》列入年度立法计划。

2008年10月，全国人大常委会将法律名称确定为《慈善事业法》，并列入第十一届全国人大常委会立法规划一类项目。2006年3月，民政部成立起草组，开始慈善立法的调研论证起草工作。起草组多方收集慈善立法相关资料，全面了解国内外慈善事业发展和慈善立法情况，广泛听取中央有关单位、慈善组织和专家学者意见，数十易其稿，形成《中华人民共和国慈善事业法（草案送审稿）》，于2009年8月报送国务院。

2. 全国人大内司委起草阶段（2014年2月下旬至2015年10月）。2013年，第十二届全国人大常委会再次将制定慈善事业法列入立法规划一类项目，明确由内务司法委员会（以下简称内司委）组织起草。第十二届全国人大内司委对慈善立法工作高度重视，于2014年2月下旬成立慈善立法领导小组及其办公室。

2014年3月下旬，内司委在京召开第一次慈善立法座谈会。此后，慈善法的起草工作紧锣密鼓、强力推进，步入快车道。内司委先后组织十多个调研组，赴湖北、浙江、福建、广东、广西、北京、上海、陕西等省（区、市）了解慈善事业发展情况，听取地方对慈善立法的意见和建议，并组团到英国等国考察慈善立法情况。召开慈善立法座谈会十多次，听取主管部门、地方人大和民政部门、专家学者、慈善组织负责人意见，还派人员参加学界和实务界召开的立法研讨会30多次。起草过程中，围绕慈善事业发展的主要经验和存在问题、慈善立法的调整范围、慈善组织、慈善募捐、慈善信托、税收优惠、慈善服务等问题，开展专题研究，形成30多份、几十万字的立法研究资料。

内司委在民政部等有关方面大力支持下，一边调研，一边起草，经反复修改，于2015年1月形成慈善事业法草案（征求意见稿），向33个中央有关单位、31个省（区、市）人大内司委、8所高校科研机构、12个慈善组织、部分全国人大代表、政协委员以及有关专家发出征求意见函130多份，收到反馈意见80余份，起草班子对这些意见认真梳理，形成约7万字的意见汇总材料。2015年7月，内司委领导亲自带队,赴民政部、国家税务总局交换意见。起草班子根据各方面意见,对草案稿进一步修改完善。2015年9月6日,内司委召开全体会议,原则审议通过了《中华人民共和国慈善法(草案)》。此后,全国人大内司委建议常委会办公厅将慈善法草案转国务院办公厅征求意见,国务院办公厅委托原国务院法制办将草案分送发改委、民政部、财政部等31个部门和单位。内司委根据反馈意见进一步修改后,将《中华人民共和国慈善法(草案)》提请全国人大常委会会议审议。

3. 全国人大常委会和全国人民代表大会审议阶段(2015年10月底至2016年3月16日)。2015年10月底,第十二届全国人大常委会第十七次会议对慈善法(草案)进行初次审议。常委会组成人员和列席人员普遍认为,为规范慈善行为,弘扬慈善文化,促进慈善事业健康发展,制定慈善法很有必要。草案指导思想明确,框架结构合理,内容总体可行,建议进一步修改完善后早日出台。同时,慈善法(草案)受到社会广泛关注和高度评价,新华社、人民日报、中央电视台等媒体以及新浪等网站作了充分报道和解读。

常委会初次审议后,全国人大常委会法制工作委员会将草案印发全国人大代表、各省(区、市)和中央有关部门、单位、人民团体和社会组织、部分高等院校和研究机构、基层立法联系点等征求意见。两次在中国人大网全文公布法律草案向社会征求意见。法律委员会、内务司法委员会和法制工作委员会联合召开座谈会,听取中央有关单位和部分全国人大代表,以及一些专家学者和慈善组织的意见。根据常委会组成人员审议意见和各方面意见,对草案进行修改,先后提出慈善法草案二次审议稿和三次审议稿,分别提请2015年12月下旬召开的全国人大常委会第十八次会议和2016年3月召开的十二届全国人大四次会议审议。2016年3月16日顺利通过。

三、慈善法的立法思路

人大主导慈善立法工作后,慈善立法能够快速推进,顺利通过,首先是党中央、全国人大及其常委会对慈善立法的高度重视,也得益于人大主导立法,各方有序参与立法的体制机制优势,还有很重要的一条，就是有正确的立法工作思路。

1. 立足基本国情。牢牢把握我国正处于社会主义初级阶段这个最大国情，根据经济社会发展的实际状况和创新社会治理的要求，对慈善法律制度作出规定，把在改革开放和社会主义现代化建设背景下发展我国慈善事业的生动实践作为立法基础，适当借鉴国外有益经验，但绝不照抄照搬。比如，慈善法依然把扶贫济困作为现阶段慈善重点，在慈善活动定义中，把扶贫济困单列出来作为第一项；在促进措施中，专条规定国家对扶贫济困的慈善活动，实行特殊的优惠政策。扶贫济困是传统慈善的主要内容，也是当代慈善应有之义。努力实现发展成果由人民共享，这是中国特色社会主义的本质要求。

2. 坚持问题导向。慈善立法把解决慈善领域存在的突出问题作为工作重点，把法律切实管用作为工作目标，从组织建设、行为规范、促进措施、监督管理等多方面作出一系列制度安排，着力解决影响慈善事业发展的问题，积极回应社会关切，增强法律的针对性和实效性。以公开募捐为例，慈善法出台前，我国在募捐方面存在两方面的问题，一方面是具有法定公开募捐资格的组织较少，限于公募基金会、慈善会和红十字会等；另一方面，没有公开募捐资格的组织甚至个人也在搞公开募捐，比较乱。针对这些问题，慈善法在适度扩大慈善组织公开募捐主体范围基础上，从募捐资格、募捐方式、资格验证、信息公开、法律责任等多方面作出规定：慈善组织开展公开募捐，应当取得公开募捐资格；应当制定募捐方案，并在开展募捐活动前报慈善组织登记的民政部门备案；应当在募捐活动现场或者募捐活动载体的显著位置，公布募捐组织名称、公开募捐资格证书、募捐方案、联系方式、募捐信息查询方法等；应当定期向社会公开其募捐情况，公开募捐周期超过六个月的，至少每三个月公开一次募捐情况，公开募捐活动结束后三个月内应当全面公开募捐情况。还规定，开展募捐活动，不得摊派或者变相摊派，不得妨碍公共秩序、企业生产经营和居民生活。禁止任何组织或者个人假借慈善名义或者假冒慈善组织开展募捐活动，骗取财产，等等。通过上述规定，着力净化募捐环境，规范募捐活动。

3. 确立基本制度。从慈善领域基础法、综合法的定位出发，慈善法对慈善组织、慈善募捐与捐赠、慈善信托、慈善财产管理使用、慈善服务、信息公开、促进措施和监督管理等基本方面作出规定，努力构建系统完整的慈善法律制度。例如，慈善组织是现代慈善事业的中坚力量，既是发展慈善事业的独立主体，又是其他组织和个人开展慈善活动的重要组织者、推动者和桥梁纽带，在动员社会资源、提供慈善服务等方面发挥着不可替代的作用。同时，慈善组织的一个显著特征是主要用捐赠人的钱来维持自身存续发展并开展慈善活动，其财产具有社会公共财产的属性，社会对其关注度比较高。由于慈善组织运作不够规范，财产管理使用不够透明，一些慈善组织屡受质疑，公信力不高，影响了人们的捐赠热情。基于慈善组织在现代慈善事业发展中的重要地位，针对现实中存在的问题，慈善法以慈善组织作为调整重点，对慈善组织的内部治理及其活动、政府和社会对慈善组织的支持与监管等作了全面规定，第一次从法律层面构建了相对完整的慈善组织法律制度。

4. 实行开门立法。开门立法是实现科学立法、民主立法的内在要求。科学立法、民主立法是立法工作的重要原则，是人民当家作主的重要体现。科学立法的核心，在于立法要尊重和体现客观规律。民主立法的核心，在于立法要为了人民、依靠人民。在慈善法的起草和审议过程中，认真贯彻十八届四中全会关于"立法机关主导，社会各方有序参与立法"的精神，通过请进来、走出去、书面征求意见、网上公开征求意见等多种形式，广开言路，集思广益，认真听取和吸纳各方面意见建议，最大限度凝聚共识、凝聚智慧。人大"开门立法"得到了有关方面的积极响应，清华大学、北京大学、北京师范大学、中国人民大学、山东大学、中山大学等高校有关机构、社科院法学所以及一些慈善组织，纷纷召开慈善立法研讨会、论证会，仅内司委内务室参加的此类会议就达30多次，呈现出学界、实务界和人大起草团队密切沟通、良性互动的崭新气象。起草过程中，内司委共收到 7 份慈善法草案专家建议稿、几十份专题研究报告和数百万字相关资料。人大"开门立法"和各界的积极参与，对于加快立法进程、提高立法质量，发挥了重要作用。同时，也使法律的起草和审议过程成为普及慈善知识、增强全社会法治意识的过程。

四、慈善法的主要内容

2016 年 3 月 16 日十二届全国人大四次会议审议通过的慈善法共 12 章 112 条，主要内容如下：

（一）发展慈善事业

慈善事业是中国特色社会主义事业的重要组成部分，在促进社会公平正义、推动实现共同富裕、维护社会和谐稳定等方面具有特殊作用，是国家治理体系与治理能力现代化的重要力量。发展慈善事业，是制定慈善法的首要目标。如何促进慈善事业健康发展，慈善法作了以下规定：

1. 明确立法目的。慈善法第一条开宗明义："为了发展慈善事业，弘扬慈善文化，规范慈善活动，保护慈善组织、捐赠人、志愿者、受益人等慈善活动参与者的合法权益，促进社会进步，共享发展成果，制定本法。"

2. 界定慈善含义。慈善有广狭两义，"小慈善"指的是扶贫济困救灾，"大慈善"的含义还包括促进教育、科学、文化、卫生、体育等事业发展，环境保护等有利于社会公共利益的活动。随着经济社会的发展，特别是社会保障水平的提高，"小慈善"逐步发展为"大慈善"。慈善法第三条对慈善活动作出界定。这一规定，根据我国慈善活动的实践做法，把扶贫济困救灾作为慈善活动的重点，同时又为慈善事业的进一步发展拓展空间，与国际慈善活动的发展趋势基本一致。

3. 动员社会各方面力量积极开展慈善活动。（1）慈善法第五条规定："国家鼓励和支持自然人、法人和其他组织践行社会主义核心价值观，弘扬中华民族传统美德，依法开展慈善活动。"（2）慈善组织是开展慈善活动的重要主体，慈善法对慈善组织的设立、内部管理、行为规范等作了较为全面的规定。（3）志愿者提供服务是开展慈善活动的重要内容，慈善法对志愿者提供慈善服务的方式及其权利义务作了规定。（4）慈善法还规定，城乡社区组织、单位可以在本社区、单位内部开展群众性互助互济活动。慈善组织以外的其他组织可以开展力所能及的慈善活动。

4. 专章规定发展慈善事业的促进措施。（1）县级以上人民政府应当根据经济社会发展情况，制定促进慈善事业发展的政策和措施。（2）对慈善组织、捐赠人、受益人依法享受税收优惠问题尽可能作出规定。企业慈善捐赠支出超过法律规定的准予在计算企业所得税应纳税所得额当年扣除的部分，允许结转以后三年内在计算应纳税所得额时扣除。同时根据党的十八届三中全会精神和立法法的规定，税收优惠的条件、税种、税率等具体事项由专门税收法律作出规定。（3）国家对开展扶贫济困的慈善活动实行特殊的优惠政策。（4）慈善组织开展扶贫、济困、扶老、救孤等需要慈善服务设施用地的，可以依法申请使用国有划拨土地或者农村集体建设用地，同时规定，慈善服务设施用地非经法定程序不得改变用途。（5）国家采取措施弘扬慈善文化，培育公民慈善意识。（6）国家建立慈善表彰制度，对在慈善事业发展中做出突出贡献的自然人、法人等组织予以表彰。

（二）规范慈善行为

规范慈善行为和发展慈善事业是相辅相成的，只有提高慈善组织公信力，增强慈善活动透明度，才能保障慈善事业健康发展。慈善法对规范慈善行为作了以下规定：

1. 强化信息公开。信息公开是规范慈善活动的重要举措，慈善法区分不同主体、不同环节，对信息公开作了专章规定。（1）建立健全慈善信息统计和发布制度。县级以上人民政府民政部门应当在统一的信息平台，及时向社会公开慈善信息。（2）县级以上人民政府民政部门和其他有关部门应当及时向社会公开慈善组织登记事项、慈善信托备案事项、对慈善活动的税收优惠和资助补贴、对慈善组织和慈善信托的检查评估等信息。（3）慈善组织、慈善信托的受托人应当依法履行信息公开义务。信息公开应当真实、完整、及时。慈善组织应当向社会公开组织章程和决策、执行、监督机构成员信息以及国务院民政部门要求公开的其他信息。(4) 慈善法区分募捐的不同情况,明确规定信息公开的对象、内容及其程序。具有公开募捐资格的慈善组织应当定期向社会公开其募捐情况和慈善项目实施情况。公开募捐周期大于六个月的,至少每三个月公开一次募捐情况,公开募捐活动结束后三个月内应当全面公开募捐情况。慈善项目实施周期超过六个月的,至少每三个月公开一次项目实施情况,项目结束后三个月内应当全面公开项目实施情况和募得款物使用情况。

2. 加强慈善组织内部治理。(1) 慈善法规定,慈善组织应当根据法律法规以及章程的规定,建立健全内部治理结构,明确决策、执行、监督等方面的职责权限;应当执行国家统一的会计制度,依法进行会计核算。(2) 慈善法还对不得担任慈善组织负责人的情形作了规定,包括无民事行为能力或者限制民事行为能力、因故意犯罪被判处刑罚等。(3) 针对慈善组织财产管理使用中存在的关联关系问题,慈善法规定:"慈善组织的发起人、主要捐赠人以及管理人员,不得利用其关联关系损害慈善组织、受益人的利益和社会公共利益。慈善组织的发起人、主要捐赠人以及管理人员与慈善组织发生交易行为的,不得参与慈善组织有关该交易行为的决策,有关交易情况应当向社会公开。"

3. 规范慈善募捐。慈善募捐是慈善财产来源的主要途径,是开展慈善活动的重要内容。慈善法区分不同主体募捐以及不同种类募捐,对募捐资格、方式及其程序分别作出规定,特别对开展公开募捐作了较为具体的规定。(1) 慈善法第二十二条规定,慈善组织开展公开募捐,应当取得公开募捐资格。并明确规定了取得公开募捐资格的条件和程序。(2) 关于网络募捐,根据开展网络募捐的必要性和可行性,同时尽量避免重复募捐甚至网络欺诈等现象,慈善法规定,慈善组织通过互联网开展公开募捐的,应当在国务院民政部门指定的慈善信息平台发布募捐信息,并可以同时在其网站发布募捐信息。慈善法还对开展公开募捐的其他方式以及公开募捐的程序作出规定。

4. 规范慈善财产管理使用。(1) 慈善法规定,慈善组织对募集的财产,应当登记造册,严格管理,专款专用。(2) 慈善法根据慈善财产的性质明确要求:"慈善组织的财产应当根据章程和捐赠协议的规定全部用于慈善目的,不得在发起人、捐赠人以及慈善组织成员中分配。任何组织和个人不得私分、挪用、截留或者侵占慈善财产。"(3) 为使慈善财产能够保值、增值,使慈善组织持续运转,慈善法规定,慈善组织可以进行投资,但应当遵循合法、安全、有效的原则,投资取得的收益应当全部用于慈善目的。重大投资方案应当经决策机构组成人员三分之二以上同意。还规定政府资助的财产和捐赠协议约定不得投资的财产,不得用于投资。(4) 为促进慈善组织把更多的财产用于慈善目的,慈善法规定,慈善组织应当积极开展慈善活动,充分、高效运用慈善财产,并遵循管理费用最必要原则,厉行节约,减少不必要的开支。同时考虑到慈善组织的多样性,慈善法对具有公开募捐资格的基金会开展慈善活动的年度支出和管理费用标准作了规定;具有公开募捐资格的基金会以外的慈善组织开展慈善活动的年度支出和管理费用的标准,由国务院民政部门会同国务院财政、税务等部门依照有关规定的原则制定。捐赠协议对单项捐赠财产的慈善活动支出和管理费用有约定的,按照其约定。

(三) 加强慈善监管

严格有效的监督管理是促进慈善活动规范化的重要保障。慈善法对加强监督管理作出专章规定。

1. 监管主体。慈善法第六条规定,国务院民政部门主管全国慈善工作,县级以上地方各级人民政府民政部门主管本行政区域内的慈善工作;县级以上人民政府有关部门依照本法和其他有关法律法规,在各自的职责范围内做好相关工作。

2. 监管职责。慈善法规定,县级以上人民政府民政部门应当依法履行职责,对慈善活动进行监督检查,对慈善行业组织进行指导;应当建立慈善组织及其负责人信用记录制度,并向社会公布;应当建立慈善组织评估制度,鼓励和支持第三方机构对慈善组织进行评估,并向社会公布评估结果。

3. 监管措施。慈善法规定了民政部门对涉嫌违反本法规定的慈善组织有权采取的措施,包括对慈善组织的住所和慈善活动发生地进行现场检查;要求慈善组织作出说明,查阅、复制有关资料;向与慈善活动有关的单位和个人调查与监督管理有关的情况;经本级人民政府批准,可以查询慈善组织的金融账户等。慈善法还规定了慈善组织的年度报告制度等。

4. 行业监督和社会监督。慈善法规定,慈善行业组织应当建立健全行业规范,加强行业自律。任何单位和个人发现慈善组织、慈善信托有违法行为的,可以向民政部门、其他有关部门或者慈善行业组织投诉、举报。民政部门、其他有关部门或者慈善行业组织接到投诉、举报后,应当及时调查处理。国家鼓励公众、媒体对慈善活动进行监督,对假借慈善名义或者假冒慈善组织骗取财产以及慈善组织、慈善信托的违法违规行为予以曝光,发挥舆论和社会监督作用。

(四) 明确法律责任

法律责任是法律约束力的保障。慈善法对违反法律规定的慈善活动,区分不同情形,分别规定法律责任。

1. 慈善组织的法律责任。慈善法对慈善组织未按照慈善宗旨开展活动,私分、挪用、截留或者侵占慈善财产,接受附加违反法律法规或者违背社会公德条件的捐赠,未依法履行信息公开义务,未依法报送年度工作报告或者财务会计报告,擅自改变捐赠财产用途,从事、资助危害国家安全或者社会公共利益活动,弄虚作假骗取税收优惠等情形,分别规定了相应的法律责任,包括责令限期改正,责令限期停止活动并进行整改,没收违法所得,对直接负责的主管人员和其他直接责任人员处以罚款,吊销登记证书等;构成犯罪的,依法追究刑事责任。

2. 针对社会上存在的假冒慈善名义骗取财产现象,慈善法规定,自然人、法人或者其他组织假借慈善名义或者假冒慈善组织骗取财产的,由公安机关依法查处。

3. 监管部门及其工作人员的法律责任。慈善法规定,县级以上人民政府民政部门和其他有关部门及其工作人员有未依法履行信息公开义务，摊派或者变相摊派捐赠任务，强行指定志愿者、慈善组织提供服务，未依法履行监督管理职责，违法实施行政强制措施和行政处罚，私分、挪用、截留或者侵占慈善财产等情形的，由上级机关或者监察机关责令改正；依法应当给予处分的，由任免机关或者监察机关对直接负责的主管人员和其他直接责任人员给予处分。

五、慈善法的修改完善

（一）修改的必要性

慈善法自2016年颁布施行以来，在保护慈善参与者权益、规范慈善活动、促进慈善事业发展、发挥慈善功能作用等方面发挥了重要作用。与此同时，慈善事业的实践发展积累了新经验，也出现了一些新情况新问题，对加强慈善法治建设提出了新要求，尤其是疫情防控的实践对完善突发事件应对中的慈善法律制度提出了新课题，网络慈善、个人求助等需要有效规范。将业已形成的中国特色慈善事业新理念新经验上升为国家慈善事业顶层制度设计，解决新时代慈善事业发展中遇到的新问题，都需要适时修改完善慈善法律制度，进一步促进中国特色慈善事业法治化发展。

党的十八大以来，习近平总书记多次就发展慈善事业、发挥慈善作用作出重要论述。党的十九大明确把慈善作为我国多层次社会保障体系的重要组成部分。这些重要论述将慈善事业上升到坚持社会主义基本经济制度，完善分配制度，推动共同富裕的高度并做出明确安排，为做好新时代慈善工作、发展慈善事业指明了方向，也为与时俱进修改完善慈善法提供了遵循。

十三届全国人大一次会议以来，全国人大代表多次提出修改慈善法的议案建议，要求将党中央关于慈善事业的决策部署落实为法律规定，进一步优化慈善领域制度设计，为慈善事业健康有序发展营造更好的法治环境。

（二）修改的过程

全国人大常委会积极回应社会关切，把修改慈善法列入立法工作计划，明确由社会建设委员会牵头负责。2021年3月，全国人大社会建设委员会启动修法工作，12月，牵头成立慈善法（修改）工作专班。修法起草组深入开展调查研究，5次赴地方、部委和慈善行业组织调研座谈，了解慈善领域的实际情况和突出问题；广泛征求意见，2次召开协调会，5轮书面征求意见。经过反复研究修改，形成了《中华人民共和国慈善法（修订草案）》，提请2022年12月召开的十三届全国人大常委会第38次会议初次审议。

会后，全国人大常委会法制工作委员会将修订草案印发部分全国人大代表、中央有关单位、地方人大和基层立法联系点等征求意见；在中国人大网公布修订草案全文，征求社会公众意见；赴地方调研听取意见。根据常委会组成人员审议意见和各方面的意见，对"修订草案"进行修改。全国人大宪法和法律委员会于10月8日和13日两次召开会议审议，建议采纳部分常委会组成人员意见和有关方面的意见，不采用修订方式对现行慈善法作全面修改，而采用修正方式对现行法的部分内容进行修改完善，对较为成熟或者有基本共识的内容作出必要修改；对尚有争议、尚未形成基本共识或者较为生疏的问题，以及一些可改可不改的文字表述问题，暂不作修改。据此，宪法和法律委员会在保留修订草案主要内容的基础上提出修正草案，共28条，提请2023年10月召开的十四届全国人大常委会第六次会议进行第二次审议。

会后，法制工作委员会在中国人大网公布修正草案全文，征求社会公众意见，并进一步听取全国人大代表、中央和地方有关部门、慈善组织等方面的意见，对修正草案进行了修改。宪法和法律委员会两次召开会议进行审议修改后，提请2023年12月召开的十四届全国人大常委会第七次会议审议。

2023年12月29日，十四届全国人大常委会第七次会议审议表决通过关于修改慈善法的决定，共31条。新修改的慈善法自2024年9月5日起施行。

（三）修改的主要内容

1. 健全慈善工作机制。（1）加强党对慈善事业的领导，慈善法

第四条明确规定"慈善工作坚持中国共产党的领导",充分发挥党总揽全局、协调各方的领导核心作用,确保慈善事业正确政治方向。(2)加强慈善工作组织协调,推动及时解决慈善事业发展中遇到的困难和问题。慈善法新增规定:"县级以上人民政府应当统筹、协调、督促和指导有关部门在各自职责范围内做好慈善事业的扶持发展和规范管理工作";有关部门要加强对慈善活动的监督、管理和服务;慈善组织的业务主管单位应当对其进行指导、监督。(3)健全慈善信息统计和发布制度,解决慈善相关数据分散、反映慈善事业发展情况不全面的问题,为充分发挥慈善功能作用提供重要的决策依据。慈善法新增规定:"国务院民政部门建立健全统一的慈善信息平台,免费提供慈善信息发布服务"。(4)要求慈善组织接受境外慈善捐赠、与境外组织或者个人合作开展慈善活动的,根据国家有关规定履行批准、备案程序。

2. 优化慈善促进措施。此次慈善法修改,以习近平总书记关于发展慈善事业、发挥慈善作用的重要论述为指导,贯彻落实党的二十大报告相关要求,多措并举促进慈善事业发展。(1)改革慈善组织认定机制,为社会组织转型为慈善组织提供更好的制度安排。(2)优化慈善募捐制度。降低申请公开募捐资格年限要求;支持具有公开募捐资格的慈善组织通过互联网开展公开募捐,进一步激发慈善组织活力。(3)进一步强化政府及其部门促进慈善事业发展的责任。要求县级以上人民政府将慈善事业纳入国民经济和社会发展规划,制定促进慈善事业发展的政策和措施;民政等有关部门将慈善捐赠、志愿服务记录等信息纳入相关主体信用记录,健全信用激励制度。(4)完善慈善事业扶持政策。新增规定:"国家鼓励、引导、支持有意愿有能力的自然人、法人和非法人组织积极参与慈善事业";"国家对慈善事业实施税收优惠政策,具体办法由国务院财政、税务部门会同民政部门依照税收法律、行政法规的规定制定";"自然人、法人和非法人组织设立慈善信托开展慈善活动的,依法享受税收优惠";国家"对参与重大突发事件应对、参与重大国家战略的慈善活动,实行特殊的优惠政策"。(5) 鼓励在慈善领域应用现代信息技术；鼓励通过公益创投、孵化培育、人员培训、项目指导等方式，为慈善组织提供资金支持和能力建设服务。(6) 鼓励有条件的地方设立社区慈善组织，加强社区志愿者队伍建设，发展社区慈善事业。(7) 鼓励开展慈善国际交流与合作。

3. 完善慈善监管制度。慈善组织和慈善信托的规范运行，是提高慈善行业公信力，促进慈善事业高质量发展的内在要求。此次慈善法修改，进一步完善了相关规定。(1) 完善慈善组织年度报告制度，新增报告"募捐成本""与境外组织或者个人开展合作"的情况。(2) 完善合作公开募捐制度。要求具有公开募捐资格的慈善组织应当对合作方进行评估，依法签订书面协议，在募捐方案中载明合作方的相关信息，并对合作方的相关行为进行指导和监督；负责对合作募得的款物进行管理和会计核算，将全部收支纳入其账户；合作方不得以任何形式自行开展公开募捐。(3) 明确规定不得指定或者变相指定慈善信托委托人、受托人及其工作人员的利害关系人作为受益人。(4) 授权国务院有关部门制定慈善组织的募捐成本以及慈善信托的年度支出和管理费用等标准，特殊情况下慈善组织年度支出难以符合规定的，应当报告并公开说明情况。(5) 建立慈善组织及其负责人、慈善信托受托人信用记录制度；对涉嫌违法的慈善组织负责人、慈善信托受托人进行约谈。(6) 加大对违法行为惩罚力度，强化慈善组织、慈善信托受托人等慈善活动参与者的法律责任。

4. 增设应急慈善专章。总结近年重大突发事件应对中慈善活动开展的经验和问题，吸收地方立法中的好做法，系统规范突发事件应对中的慈善活动。(1) 发生重大突发事件需要迅速开展救助时，履行统一领导职责或者组织处置突发事件的人民政府应当依法建立协调机制，明确专门机构、人员，提供需求信息，及时有序引导慈善组织、志愿者等社会力量开展募捐和救助活动。(2) 鼓励慈善组织、慈善行业组织建立应急机制，加强信息共享、协商合作；鼓励慈善组织、志愿者等在政府协调引导下依法开展或者参与慈善活动。(3) 为应对重大突发事件开展公开募捐的,应当及时分配或者使用募得款物,并及时公开募得款物的接收、分配和使用情况。(4) 无法在募捐活动前办理募捐方案备案的,应当在活动开始后十日内补办备案手续。(5) 要求政府及其有关部门、基层组织为应急慈善款物分配送达、信息统计等提供便利和帮助。

5. 有效规范个人求助。随着网络信息技术的发展,个人网络求助现象不断增多,相关网络服务平台呈现规模化发展,在帮助大病患者筹集医疗费用等方面发挥了积极作用。同时也存在一些乱象,引发公众质疑和负面舆情,对行业的公信力产生消极影响。回应社会各界加强网络个人求助治理的呼声,在附则中新增一条作出规范。(1) 个人因疾病等原因导致家庭经济困难,向社会发布求助信息的,求助人和信息发布人应当对信息真实性负责,不得通过虚构、隐瞒事实等方式骗取救助。(2) 从事个人求助网络服务的平台应当经国务院民政部门指定,对通过其发布的求助信息真实性进行查验,并及时、全面向社会公开相关信息。(3) 授权国务院民政部门会同网信、工业和信息化等部门,对求助信息发布和查验、平台服务、监督管理等作出具体规定。这些规定有利于规范个人求助行为,促进个人求助网络服务平台规范发展,维护公众的爱心善意。

慈善法是社会领域的重要法律,是慈善制度建设的基础性、综合性法律。新修改的慈善法共13章125条,结构完整,内容丰富。这部法律的制定和修改完善,为我国慈善事业高质量发展提供了更加完善的法律保障,必将进一步营造良好的慈善氛围,吸引更多有意愿有能力的企业、社会组织和个人积极投身慈善事业,助推全社会崇德向善,促进我国慈善事业发展壮大,为国家和社会输送更大的正能量!

于建伟
全国人大原内务司法委员会内务室主任
中国老龄事业发展基金会理事长
2024 年 8 月

目　录

总　则

1. 慈善法的立法宗旨是什么？ ………………………………… 1
2. 慈善法的调整范围是什么？ ………………………………… 5
3. 什么是慈善活动？ …………………………………………… 8
4. 开展慈善活动应当遵循哪些原则？ ………………………… 13
5. 慈善法规定的慈善事业管理体制是怎样的？ ……………… 16
6. 为什么将每年9月5日定为"中华慈善日"？ ………… 22

慈善组织

7. 什么是慈善组织？ …………………………………………… 24
8. 慈善组织非营利性的判断标准是什么？ …………………… 26
9. 慈善组织有哪些组织形式，它是新类型的社会组织吗？ ……………………………………………………… 28

10. 慈善组织应当符合哪些条件？ …………………… 30
11. 设立慈善组织须经哪些程序？ …………………… 36
12. 慈善法关于慈善组织的登记认定如何与现行非营利组织登记管理体制相衔接？ ………………… 39
13. 如何查询慈善组织及其信息？ …………………… 41
14. 慈善组织章程应当载明哪些事项？ ……………… 42
15. 慈善组织如何建立健全内部治理结构？ ………… 45
16. 慈善组织应当建立哪些管理制度？ ……………… 48
17. 慈善组织每年向民政部门提交年度报告应当包括哪些内容，未依法报送年度报告应承担什么责任？ ……………………………………………… 50
18. 什么是募捐成本？为什么慈善组织需要在年度报告中披露募捐成本？ ………………………… 53
19. 为什么慈善组织年度报告中要加入"与境外组织或个人开展合作情况"？ …………………… 55
20. 慈善组织发生关联交易应当遵循哪些规定？违反规定应当承担什么法律责任？ ……………… 56
21. 哪些人不得担任慈善组织负责人？ ……………… 60
22. 慈善组织在哪些情形下应当终止？ ……………… 62
23. 慈善组织终止清算应当遵循哪些要求？ ………… 65
24. 慈善组织从事、资助危害国家安全和社会公共利益的活动应承担什么责任？ ………………… 67
25. 什么是慈善行业组织，其职责是什么？ ………… 70

慈善募捐

26. 什么是慈善募捐？ ………………………………… 73
27. 个人求助与慈善募捐是一回事吗？ ……………… 76
28. 慈善组织开展定向募捐应当遵循什么要求？ …… 78
29. 学校发起设立的基金会和校友会，可以直接向校友发起募捐吗？ ………………………………… 79
30. 慈善组织如何取得公开募捐资格？ ……………… 80
31. 开展公开募捐可以采取哪些方式？ ……………… 85
32. 开展公开募捐应当遵循哪些要求？ ……………… 87
33. 不具备公开募捐资格的组织和个人怎样依法开展公开募捐？ ……………………………………… 90
34. 具有公开募捐资格的慈善组织如何对合作募捐进行监督管理？ …………………………………… 92
35. 慈善法对互联网募捐是如何规范的？ …………… 94
36. 互联网公开募捐服务平台主要的责任和义务是什么？ ………………………………………………… 99
37. 不具有公开募捐资格的组织或者个人擅自开展公开募捐应当承担什么法律责任？ ……………… 101
38. 开展募捐活动可以摊派吗？ ……………………… 103
39. 哪些情形属于违法募捐活动，需要承担什么法律责任？ ……………………………………………… 105

40. 对假借慈善名义骗取财产的行为如何处理？………… 108
41. 红十字会开展募捐活动适用慈善法吗？………… 110
42. 其他国家和地区如何管理慈善募捐？………… 113

慈 善 捐 赠

43. 什么是慈善捐赠？它与民事赠与是一回事吗？……… 119
44. 捐赠人可以捐赠哪些财产？………… 121
45. 自然人、法人和非法人组织开展经营性活动承诺捐赠的，应当如何实施？………… 123
46. 慈善组织接受捐赠，应当遵循哪些要求？………… 125
47. 捐赠人有哪些权利？………… 128
48. 捐赠人可以申请电子捐赠票据吗？………… 131
49. 为什么捐赠人不得指定或变相指定其利害关系人作为受益人？………… 132
50. 为什么禁止利用慈善捐赠宣传烟草制品等事项？…… 135
51. 捐赠人不履行捐赠协议怎么办？………… 137

慈 善 信 托

52. 什么是慈善信托，其特点有哪些？………… 140
53. 我国慈善信托的发展状况如何？………… 144
54. 如何设立慈善信托？………… 146

55. 指定慈善信托受益人有什么禁止性规定？ …………… 151
56. 谁可以担任慈善信托受托人？ ……………………… 152
57. 慈善信托受托人有哪些义务，违反法定义务应
承担什么法律责任？ ………………………………… 154
58. 慈善信托监察人有哪些职责？ ……………………… 159
59. 如何处理慈善法与信托法的关系？ ………………… 161

慈 善 财 产

60. 慈善组织的财产有哪些，其财产权有什么特征？ …… 166
61. 慈善组织财产管理有哪些义务和要求？ …………… 168
62. 慈善组织实现财产保值增值的途径有哪些，其
投资应当遵循什么要求？ …………………………… 170
63. 慈善组织使用财产应当遵循什么原则？ …………… 175
64. 慈善法对慈善项目的设计和实施有什么要求，
慈善项目终止后剩余财产如何处理？ ……………… 177
65. 慈善组织如何确定受益人，二者关系如何？ ………… 179
66. 慈善组织开展慈善活动的年度支出以及管理成
本的标准如何确定？ ………………………………… 182
67. 慈善组织违反慈善财产管理使用有关规定应承
担什么责任？ ………………………………………… 188

慈善服务

68. 什么是慈善服务，与志愿服务是什么关系？ ………… 192
69. 开展慈善服务应当遵循哪些基本要求？ ………… 196
70. 慈善组织招募志愿者开展慈善服务应当尽到哪些义务？ ………… 197
71. 志愿者参与慈善服务有哪些注意事项？ ………… 201
72. 慈善服务过程中发生人身、财产损害的，法律责任如何承担？ ………… 202

应急慈善

73. 慈善法为什么要设应急慈善专章？ ………… 205
74. 发生重大突发事件需要迅速开展救助时，有关人民政府应当开展哪些工作引导社会力量开展募捐和救助活动？ ………… 206
75. 发生重大突发事件需要迅速开展救助时，慈善行业应该开展哪些工作提高应急慈善活动效率？ ………… 208
76. 慈善法对应急状态下公开募捐募得款物分配使用效率和信息公开有什么特殊要求？ ………… 210

77. 慈善法对应急状态下慈善组织公开募捐备案手续有什么特别规定？ ………………………… 212
78. 在应急状态下，哪些主体应当为慈善捐赠款物分配送达提供便利和帮助？ ………………… 213

信 息 公 开

79. 慈善法建立信息公开制度有什么意义？ ………… 216
80. 政府在促进慈善信息公开中有什么职责？ ……… 218
81. 民政等有关部门应当向社会公开哪些慈善信息，未依法履行信息公开义务应承担什么法律责任？ ……………………………………………… 220
82. 慈善组织信息公开应当遵循哪些原则？ ………… 222
83. 慈善组织应当向社会公开哪些信息，未依法履行信息公开义务应承担什么法律责任？ ……… 223
84. 慈善组织应当向捐赠人、受益人等特定对象告知哪些信息？ ………………………………… 225
85. 哪些慈善信息不得公开，泄露这类信息应承担什么法律责任？ ……………………………… 226

促 进 措 施

86. 国家对社会主体参与慈善事业持何态度？ ……… 228

87. 政府及其有关部门在促进慈善事业发展方面有哪些主要职责？ ……………………………………… 229
88. 国家是否对慈善事业实施税收优惠政策？ ………… 231
89. 慈善组织享受的税收优惠有哪些？ ………………… 234
90. 对慈善捐赠享受税收优惠有哪些主要规定？ ……… 237
91. 对慈善信托享受税收优惠有哪些主要规定？ ……… 240
92. 对受益人享受税收优惠有哪些主要规定？ ………… 241
93. 有关部门应当为慈善税收优惠、权利转让等的手续办理提供哪些便利？ ……………………………… 243
94. 国家对哪些领域的慈善活动实行特殊优惠政策？ … 245
95. 慈善法对慈善事业还有哪些方面的支持措施？ …… 247
96. 什么是政府购买服务，慈善法对此作了什么规定？ … 251
97. 慈善法对发展社区慈善作了哪些规定？ …………… 252
98. 慈善法对弘扬慈善文化作了哪些规定？ …………… 254
99. 捐赠人对其捐赠的慈善项目可冠名纪念吗？ ……… 256
100. 国家为什么要建立慈善表彰制度？ ………………… 257
101. 慈善法对健全慈善信用记录和激励作了哪些规定？ ……………………………………………………… 259
102. 慈善法对慈善国际交流合作作了哪些规定？ ……… 260

监督管理

103. 对慈善活动的日常监管职责由哪些部门承担？ …… 263

104. 民政部门对涉嫌违法的慈善组织可以采取哪些措施，应当遵循什么程序？ …… 265
105. 为什么要建立慈善组织及其负责人信用记录制度？ …… 267
106. 建立慈善组织评估制度有何意义？ …… 270
107. 慈善法对慈善社会监督是如何规定的？ …… 272
108. 政府有关部门滥用职权、玩忽职守、徇私舞弊应当承担什么责任？ …… 274

附　则

109. 慈善法对慈善组织以外的其他组织开展慈善活动作了什么规定？ …… 278
110. 修改后的慈善法为什么将个人求助写入附则，是如何规范的？ …… 284
111. 慈善法从什么时候开始施行，法律通过并公布后为什么间隔一段时间才施行？ …… 287

后记 …… 290

总　则

1. 慈善法的立法宗旨是什么？

慈善法第一条规定："为了发展慈善事业，弘扬慈善文化，规范慈善活动，保护慈善组织、捐赠人、志愿者、受益人等慈善活动参与者的合法权益，促进社会进步，共享发展成果，制定本法。"这一规定明确了慈善法的立法宗旨。立法宗旨体现了制定慈善法的目的，慈善法的其他条文都是围绕着立法宗旨展开的，现分述如下：

（1）发展慈善事业，弘扬慈善文化。扶贫济困、乐善好施是中华民族传统美德，慈善文化是中华传统文化的重要组成部分，内涵丰富，源远流长。儒家的"仁爱"、道家的"慈爱"、墨家的"兼爱"、佛家的"慈悲"，无不蕴含厚重的慈善文化思想。古人就曾有过对慈善内涵的相关描述。孔颖达疏《左传》有云："慈者爱，出于心，恩被于物也。"又曰："慈谓爱之深也。"东汉时期许慎著的《说文解字》也解释道:"慈,爱也""善,吉也"。"慈善"二字合用,则是"仁慈""善良""富于同情心"的意思。战国时期孟子的"穷则独善其身,达则兼善天下",北宋范仲淹的"先天下之忧而忧,后天下之乐而乐",成为千百年来中国优秀人物立身处世的座右铭。

改革开放以来特别是进入新时代以来,我国慈善事业快速发展,社会捐赠总额从2006年不足100亿元发展到2016年1000亿元左右,① 各级民政部门登记的社会组织总数超过80万个,② 相当数量在公益慈善领域开展活动。同时,慈善领域也出现了一些新情况、新问题,政府支持引导力度不够,行业自律机制尚未形成,社会氛围不够浓厚,有些慈善组织内部治理不健全、运作不规范,影响慈善的公信力和公众参与慈善的热情,骗捐诈捐事件时有发生,等等。总体而言,慈善事业的发展与党和国家的要求,与社会公众的期待,还存在较大差距。这些问题,既与慈善事业尚处于起步发展阶段有关,也与长期以来慈善法律制度不完备有关。这都需要通过制定慈善法加以引导和规范,促进慈善事业健康发展。慈善立法牢牢把握我国正处于社

---

① 参见《关于〈中华人民共和国慈善法(草案)〉的说明》,载中国人大网,http://www.npc.gov.cn/zgrdw/npc/lfzt/rlyw/2016-03/10/content_1975228.htm,2024年7月25日访问。

② 参见《2022年民政事业发展统计公报》,载中华人民共和国民政部网站,https://www.mca.gov.cn/n156/n2679/c1662004999979995221/attr/306352.pdf,2024年7月25日访问。

会主义初级阶段这个最大国情、最大实际，以促进慈善事业发展为第一要务，通过一系列制度设计，着力解决制约慈善事业发展的突出问题，鼓励和支持自然人、法人和非法人组织践行社会主义核心价值观，依法开展慈善活动，以激发慈善事业的勃勃生机和无限活力。自慈善法2016年颁布实施以后，慈善事业有了较大发展。2020年，社会捐赠规模首次突破2000亿元。[1] 截至2023年年底，全国登记社会组织近90万家，[2] 全国共登记认定慈善组织超过1.3万家，[3] 各类注册志愿者超过2.3亿人次。[4]

（2）规范慈善活动，保护慈善活动参与者的合法权益。俗话说，"无规矩不成方圆"，任何活动都需要规则来约束，否则，即使出于好心做好事也未必能收到好的效果。近年来，我国慈善领域发生的一系列负面事件暴露出慈善事业发展中存在的一些突出问题，如慈善事业的监管体系没有理顺，监管不到位；有些慈善组织内部治理混乱，募

---

[1] 参见《2020年度中国慈善捐赠报告》，载中国慈善联合会网站，http://www.charityalliance.org.cn/givingchina/14901.jhtml，2024年7月25日访问。

[2] 参见《2023年4季度民政统计数据》，载中华人民共和国民政部网站，https://www.mca.gov.cn/mzsj/tjsj/2023/202304tjsj.html，2024年7月25日访问。

[3] 参见《坚持不懈开创慈善事业高质量发展新局面——2023年慈善事业发展综述》，载中华人民共和国民政部网站，https://www.mca.gov.cn/zt/n2782/n2786/c1662004999979997170/content.html，2024年7月25日访问。

[4] 参见《新华社权威快报丨我国注册志愿者超过2.3亿人》，载新华网，http://www.news.cn/gongyi/20230906/444d3630716f45d298240bd2aa222360/c.html，2024年7月25日访问。更多内容请参见中国志愿服务网，http://chinavolunteer.mca.gov.cn/site/home。

捐活动不规范，慈善资金使用不透明；有些企业承诺捐赠不到位，捐赠物资质量不合格。慈善组织、捐赠人、志愿者、受益人参与慈善活动过程中，合法权益有时得不到保障，如有些慈善组织难以享受税收优惠，有些志愿者在提供志愿服务过程中遭受攻击，有些捐赠人、受益人的隐私被泄露，等等。这些问题都需要在慈善法中明确规则，加以规范。慈善法坚持规范与发展并重，从多个方面加强对慈善活动的规范，保护慈善活动参与者的合法权益，以规范促发展，为慈善事业健康持续发展提供有力保障。

（3）促进社会进步，共享发展成果。慈善事业是一项综合性事业，涵盖社会发展各个方面，涉及社会生活诸多领域，是促进社会进步的重要推手。慈善法第三条采用"大慈善"概念，把扶贫济困、促进教育科学文化卫生体育事业发展、改善生态环境等有利于增进社会公共福祉的公益活动纳入慈善范畴，有利于推动我国物质文明、精神文明和生态文明建设协同发展，有利于促进社会全面进步。

党的十八届五中全会将"共享"作为新时期必须坚持的重要发展理念。"十三五"规划纲要将"大力支持专业社会工作和慈善事业发展，健全经常性社会捐助机制，广泛动员社会力量开展社会救济和社会互助、志愿服务活动"作为提高民生保障水平的重要内容。党的十八大明确提出，到2020年全面建成小康社会的奋斗目标，农村贫困人口脱贫是全面建成小康社会最艰巨的任务，扶贫济困是传统慈善的主要内容，也是当代慈善应有之义和首要任务。发展慈善事业是脱贫攻坚不可或缺的重要力量，确保全体人民同步迈入全面小康，努力实现发展成果由人民共享，这是中国特色社会主义的本质要求。

2. 慈善法的调整范围是什么？

慈善法第二条规定："自然人、法人和非法人组织开展慈善活动以及与慈善有关的活动，适用本法。其他法律有特别规定的，依照其规定。"法律的调整范围，是立法必须考虑和明确的重要问题。狭义的调整范围一般指这部法调整哪些对象的哪些行为，广义的调整范围还包括在什么时间、什么地方发生效力。在此，笔者着重介绍受慈善法调整的法律关系的主体及其行为。

一是慈善法的调整对象是"自然人、法人和非法人组织"。俗话说，勿以善小而不为，慈善人人可为。大家在日常生活中的善行内容丰富，这些慈善行为是否都受慈善法调整？在慈善法起草过程中，存在不同意见。根据慈善是否通过慈善组织，可以分为慈善组织的慈善活动和慈善组织以外的慈善活动，慈善组织以外的慈善活动主要指捐赠人直接向受赠人进行捐赠，或者志愿者直接向受益人提供服务。一种意见认为，慈善法是一部综合性法律，应当涵盖各种慈善行为，对慈善组织以外的慈善活动，慈善法应当一并予以规范。另一种意见认为，慈善组织具有较强的组织性，涉及资金多，而且可以向公众募捐，慈善法应当着重规范慈善组织的活动，确保其达成慈善目的，慈善组织以外的慈善活动，涉及资金少，风险小，可以交由合同法等民事法律来规范。

笔者认为，在任何国家，慈善都不是完全通过慈善组织进行的，是否通过慈善组织，取决于慈善组织的发展程度，也取决于捐赠人或志愿者的选择。目前，我国慈善组织发展面临很多困境，短时间内还难以树立强有力的公信力，游离于慈善组织之外的慈善活动必将在相当长一段时期内占有重要地位，慈善法对这部分慈善活动不应完全忽视，应当积极引导和规范，并将其纳入促进慈善事业发展的机制中。因此，慈善法调整所有民事主体开展的与慈善有关的活动。

从慈善事业发展现状和趋势看，慈善组织是开展慈善活动的中坚力量，2014年我国社会接收捐赠总额超过1000亿元人民币，主要是通过慈善组织运作的。随着慈善环境的改善、慈善组织公信力的提升，我国慈善事业还将迎来新一轮发展高峰，而这也应该主要是通过慈善组织实现的。所以，慈善法在谋篇布局时，抓住慈善组织这个"牛鼻子",着重规范慈善组织的各种行为,从设立登记到开展募捐,再到慈善财产的管理使用、慈善服务信息公开等全过程。对其他主体的慈善活动只作出必要规定,如捐赠人进行慈善捐赠,既可以通过慈善组织,也可以直接向受益人捐赠;慈善组织以外的自然人、法人和非法人组织在慈善事业发展中做出突出贡献的,也应予以表彰等。

二是慈善法调整慈善活动以及与慈善有关的活动。"慈善活动"是自然人、法人和非法人组织基于慈善目的开展的活动,如慈善组织开展募捐活动、实施慈善项目,捐赠人捐赠财产,志愿者开展志愿服务等。"与慈善有关的活动"是指虽然不属于慈善活动,但与慈善有密切关系的其他活动,如县级以上人民政府及其有关部门对慈善活动的引导、促进和监督管理,慈善组织为实现财产保值、增值进行投资等。慈善法是一部促进慈善事业发展的综合性法律,不仅调整基于慈善目的开展的慈善活动,与慈善有关的活动也一并调整,这些与慈善有关的活动对于规范和促进慈善事业健康发展具有重要作用。

需要指出的是,慈善法第二条还规定,其他法律有特别规定的,依照其规定。这主要规范慈善法与红十字会法、公益事业捐赠法、民法典和信托法等法律的关系。这些法律对慈善活动的某一方面或者某些特殊主体作了规定,与慈善法有交叉,甚至有不一致的地方。根据立法法第一百零三条的规定，同一机关制定的法律、行政法规、地方性法规、自治条例和单行条例、规章，特别规定与一般规定不一致的，适用特别规定。如果其他法律对慈善活动以及与慈善有关的活动有特别规定的，从其特别规定。

3. 什么是慈善活动？

"慈善"这个词，大家并不陌生，都能回想起很多与慈善有关的事，如向希望工程捐款，为重症患者集资等。但在慈善法中，慈善究竟是什么，与我们日常生活中的慈善有什么不同，在历次座谈会、研讨会中，这也总是讨论最多的问题之一。综合各方面意见，总的来说，慈善有狭义和广义之分。一种意见主张使用狭义的慈善即"小慈善"概念，主要是指扶贫、济困、扶老、助残、赈灾等，这是我国传统慈善事业的主要内容，一些地方制定的地方性法规或者政府规章用的就是"小慈善"；另一些意见则主张使用广义的慈善也就是"大慈善"概念，除涵盖狭义慈善内容外，还包括促进教育、科学、文化、卫生、体育事业发展，保护生态环境等旨在增进社会公共利益的活动。

慈善法采纳哪种意见，关系到我国慈善事业的基本制度，关系我国慈善事业发展的空间和方向，我们广泛听取各方面意见，对此进行了认真研究，最终采纳了"大慈善"的概念,慈善法第三条规定:"本法所称慈善活动,是指自然人、法人和非法人组织以捐赠财产或者提供服务等方式,自愿开展的下列公益活动:(一)扶贫、济困;(二)扶老、救孤、恤病、助残、优抚;(三)救助自然灾害、事故灾难和公共卫生事件等突发事件造成的损害;(四)促进教育、科学、文化、卫生、体育等事业的发展;(五)防治污染和其他公害,保护和改善生态环境;(六)符合本法规定的其他公益活动。"慈善法采纳"大慈善"概念,主要基于以下几点考虑:

一是与我国经济社会发展相适应。一个国家慈善概念的大小与其所处的经济政治社会环境紧密相连。随着各国经济发展和人们生活水平的提高,人们越来越关注弱势群体、精神生活以及社会全面发展和进步,各国慈善概念的范围也在不断扩大。我国改革开放以来,经济社会快速发展,物质基础更加坚实,人民群众生活水平显著提高,慈善意识不断增强,越来越多的个人、企业和社会组织有爱心、有能力参与慈善事业。我国在这样的社会背景下制定慈善法,起点较高,应当将慈善的概念定义得宽一些、开放一些。一些地方性法规和规章将慈善定义为"小慈善",主要还是囿于当时缺乏上位法依据和社会共识。

二是与实践发展同步。从多次座谈会、研讨会的情况看,多数意见认同"大慈善"的概念,希望将慈善的内涵定义得广一些。改革开放以来，我国慈善事业发展迅速，慈善活动已经从传统的以扶贫济困为重点逐步向教育、科学、文化、卫生、体育、环保等其他社会公益事业领域不断拓展，不少社会组织也早已不局限于传统的扶危济困，而是将促进教育、卫生、环保等作为开展活动的重点，"小慈善"的概念已不能适应我国慈善事业的发展现状，法律应当与实践发展保持同步。

三是与我国现行法律相衔接。在起草慈善法之前，我国已有公益事业捐赠法和信托法对公益领域相关活动进行了规范。公益事业捐赠法第三条规定的"公益事业"，包括救助灾害、救济贫困、扶助残疾人等困难的社会群体和个人的活动；教育、科学、文化、卫生、体育事业；环境保护、社会公共设施建设；促进社会发展和进步的其他社会公共和福利事业。信托法第六十条规定的"公益信托"是指为了下列公共利益目的设立的信托：救济贫困；救助灾民；扶助残疾人；发展教育、科技、文化、艺术、体育事业；发展医疗卫生事业；发展环境保护事业，维护生态环境；发展其他社会公益事业。"大慈善"的概念与这两部法律有关"公益"的规定相呼应，三部法律有效衔接，将有助于合力推动我国慈善公益事业的发展。

四是与国际接轨。英国、美国、日本、俄罗斯等尽管立法体制不同，但在慈善目的的认定上都采取了相对开放的态度,涵盖面较宽。以英国为例,英国2006年《慈善法》规定,只有那些为公共利益服务的具备慈善目的的事业才能被认定为慈善。慈善目的具体有:(1)预防或消灭贫穷;(2)推进教育;(3)推进信仰;(4)增强健康或挽救生命;(5)推进公民或社区进步;(6)推进艺术、文化、遗产或科学的进步;(7)推进业余运动的进步;(8)推进解决冲突或和解、促进宗教或种族的和谐或平等及多样性的进步;(9)促进环境保护和改善;(10)解决由于年幼、年龄、生病、残障、财政困难或者其他缺陷的需要;(11)推进动物福利;(12)促进王室武装力量的效率、警力的效率、火警及救生服务或者救护车服务;(13)其他符合本法相关条款的事业。从促进慈善国际交流的角度而言,应当在传统慈善基础上适当扩大慈善的概念。

在理解慈善法第三条含义时,还需把握以下几个要件:

一是慈善活动的主体是自然人、法人和非法人组织。慈善不是富人和慈善组织的专利,而是人人可为。慈善组织是开展慈善活动的核心力量,是慈善法应当重点规范的慈善活动主体,但同时,慈善法也鼓励和支持个人和其他组织积极开展慈善活动,而且慈善法第一百条规定,国家建立慈善表彰制度,对在慈善事业发展中做出突出贡献的自然人、法人和非法人组织,由县级以上人民政府或者有关部门予以表彰。

二是参与慈善,有捐赠财产、提供服务两种方式,简言之,"有钱出钱,有力出力"。长期以来,我们侧重强调通过捐赠财产的方式参与慈善,忽视服务型慈善,导致社会公众志愿服务参与意愿不足,参与程度低。慈善法明确将提供服务与捐赠财产并列为慈善活动的两种形式,将有助于慈善组织的多元化发展,也有助于激发公众参与志愿服务的积极性。

三是强调慈善活动的"自愿性"与"公益性",自愿和公益是慈善活动的重要特征。自愿是慈善主体自主意愿的体现,任何人都不应当强迫他人,尤其是不得借助公权力强迫他人从事慈善,这违背了慈善的本意。公益与私益相对,慈善的本质是利他,为自己以及与自己有利害关系的人谋利益,不是慈善。自愿和公益是慈善的本质属性,贯穿慈善法全文,在具体制度中还会多次提及。

四是慈善概念的包容性。尽管慈善法第三条列举了扶贫、济困、防治污染、改善生态环境等近 20 项具体事项,但限于社会发展程度和立法者认知的局限,无法涵盖慈善组织当前以及今后开展的所有活动,特别在慈善法第三条最后一项规定了"符合本法规定的其他公益活动",体现我国慈善概念的开放性和包容性,为慈善事业的发展预留空间。

4. 开展慈善活动应当遵循哪些原则?

慈善法第四条对开展慈善活动应当遵循的原则作了规定,即"慈善工作坚持中国共产党的领导。开展慈善活动,应当遵循合法、自愿、诚信、非营利的原则,不得违背社会公德,不得危害国家安全、损害社会公共利益和他人合法权益"。

(1)坚持党的领导是慈善工作总的指导原则。2018年宪法修改将"中国共产党的领导是中国特色社会主义最本质的特征"写入宪法总纲。慈善事业是中国特色社会主义事业的重要组成部分,2023年慈善法修改依据宪法也将"慈善工作坚持中国共产党的领导"写入总则,作为新时代发展慈善事业总的指导原则。一是慈善工作必须旗帜鲜明坚持党的集中统一领导,坚持正确的政治方向。二是慈善工作要充分发挥党总揽全局、协调各方的领导核心作用。进入21世纪以来,党和国家高度重视慈善事业发展,历次党的中央全会不断深化慈善事业在国家治理体系中的定位,不断明确新阶段慈善事业发展的目标。从慈善活动发展实践来看,坚持党的领导是慈善事业持续高质量发展的决定性因素。三是慈善工作要及时响应党的号召,主动服务国家战略。在全面建设社会主义现代化国家新征程中强化新担当、展现新作为。

(2) 合法原则。在法治社会，合法是所有活动的基本要求，慈善活动也不例外。慈善法是我国慈善领域的基础性法律，开展慈善活动首先要遵守慈善法的各项规定，同时，还要遵守其他法律法规的相关规定。例如，慈善信托首先要遵守慈善法的规定，慈善法没有规定的，还要遵守信托法的相关规定；县级以上人民政府作为慈善捐赠受赠人的，还应当遵守公益事业捐赠法的规定；在教育、科学、文化、卫生、体育、环保等领域开展慈善活动时，还应当符合教育法、体育法、科学技术进步法、科学技术普及法、文物保护法、环境保护法等其他法律的规定。

(3) 自愿原则。慈善是一种发自内心、奉献爱心的善行，应当是自愿的，任何强制都违背了慈善的本意。任何人都有权按照自己的真实意愿独立自主地选择参与或者不参与慈善活动，其他人不得干涉。尤其是国家机关，不应当动用公权力强迫企业或者个人等主体捐财产、提供志愿服务或者开展其他慈善活动。

(4) 诚信原则。诚信原则被视为民法中的"帝王条款"，要求民事主体在行使民事权利、履行民事义务时，应当讲究信用，严守诺言，诚实不欺，不损害他人利益和社会公共利益。当前，诚信危机是我国慈善领域存在的突出问题，慈善组织的公信力不高，捐赠人诺而不捐、慈善组织挪用善款，甚至有的组织和个人假借慈善名义骗取钱财的现象依然存在。慈善法将诚信作为慈善事业发展的基本原则，通过信息公开、赋予社会公众监督权利等一系列制度安排重塑公众对慈善的信心，推动慈善事业健康持续发展。

(5) 非营利原则。非营利是慈善组织的基本特性之一，非营利是指慈善组织不得以营利为目的开展慈善活动，但非营利不等于非盈利。强调慈善组织的非营利性，并不是说慈善组织不能有收益或者盈利，或者开展慈善活动必须是无偿的，而是说慈善组织的收益或者盈利必须继续用于慈善目的，不得进行分配。

(6) 不得违背社会公德，不得危害国家安全、损害社会公共利益和他人合法权益。尊重社会公德，维护国家安全，不损害社会公共利益以及他人合法权益是人们在社会交往和公共生活中应该遵守的基本准则，对于维护社会秩序，促进社会和谐具有重要意义，这在慈善领域同样重要。当前，有的组织和个人在开展慈善活动过程中，不尊重受益人的民族习惯和当地风俗，不尊重受益人的人格尊严；有的慈善组织为了得到捐赠，接受捐赠人的不合理要求或者非法条件；一些境外非营利组织打着慈善的名义从事危害我国国家安全的行为；等等。开展慈善活动只有守住不得违背社会公德、不得危害国家安全、不得损害社会公共利益以及他人合法权益的底线，才是真慈善，才能把好事办实办好，实现慈善目的。

5. 慈善法规定的慈善事业管理体制是怎样的？

慈善法第六条规定："县级以上人民政府应当统筹、协调、督促和指导有关部门在各自职责范围内做好慈善事业的扶持发展和规范管理工作。国务院民政部门主管全国慈善工作，县级以上地方各级人民政府民政部门主管本行政区域内的慈善工作；县级以上人民政府有关部门依照本法和其他有关法律法规，在各自的职责范围内做好相关工作，加强对慈善活动的监督、管理和服务；慈善组织有业务主管单位的，业务主管单位应当对其进行指导、监督。"同时，慈善法还对慈善组织内部治理、行业自律和社会监督等作了规定。

慈善事业是一项综合性的事业，涵盖诸多领域、行业，明确慈善工作的管理体制，明确各级政府及主管部门、有关部门的权责，是慈善事业扶持发展和规范管理中的重要问题。

（1）县级以上人民政府负有统筹、协调、督促和指导职责

随着社会经济的发展，慈善活动的范围领域、活动内

容和方式、参与主体都日益呈现面广线长的特点。一是活动领域从最初的扶贫济困"小慈善"扩展到教育、医疗、文化、体育、环保等诸多方面,"大慈善"的格局已经形成。二是活动形式更加丰富,除传统的捐赠款物外,股权、房产、无形资产、虚拟财产等非货币捐赠形式层出不穷,设立慈善信托方兴未艾,开展形式多样的志愿服务愈发普遍。三是参与慈善活动的方式更加多样化,特别是伴随互联网等信息技术的进步,"互联网+慈善"已经成为社会公众参与慈善活动最显著的特征之一。四是涉外慈善、宗教慈善等现象日益增多。

范围更加广泛、形态更加复杂、参与主体更加多元的慈善活动必然涉及多个政府部门的管理领域。以活动监管为例,慈善组织之外的个人、企业、教育机构、宗教团体、境外非政府组织、政府间国际组织等主体开展慈善活动中出现违法违规现象时,民政部门的调查处理力度不够,需要公安、市场监管、网信、教育、商务、外交外事等部门联合参与。再以落实慈善法规定的促进措施为例,需要出台信息提供、活动指导、税费优惠、建设用地、金融政策、购买服务、人才培养、文化宣传等10多类法规政策,绝大部分不是单个部门可以自行制定出台的,需要财政、税务、人社、金融、教育、自然资源等部门联合推进。因此,立法明确人民政府的统筹协调和督促指导职责,对于降低慈善工作决策成本、提升决策效率、破解工作难题、形成推进事业发展的合力具有十分重要的意义。2014年国务院出台的《关于促进慈善事业健康发展的指导意见》中明确提出，各有关部门要建立健全慈善工作组织协调机制，及时解决慈善事业发展中遇到的突出困难和问题。

在慈善法起草和修正过程中，有部分意见建议借鉴英国等国家的做法，设立国家慈善委员会，或者在国务院设立议事协调机构，综合协调各职能部门，统一监管我国慈善工作。但也有很多意见认为，设立新的机构与我国现行的行政管理体制不相适应。慈善法从我国国情出发，保持长期以来的行政管理体制不变，由民政部门主管慈善工作，但进一步明确政府对有关部门的统筹协调和督促指导职责。

（2）民政部门负有主管职责

长期以来，民政部门负责包括慈善组织在内的社会组织的登记管理，并制定慈善事业发展规划、规章和相关政策。1998年国务院制定的《社会团体登记管理条例》《民办非企业单位登记管理暂行条例》和2004年《基金会管理条例》都规定，国务院和县级以上地方人民政府民政部门是本级人民政府社会组织的登记管理机关。2014年《国务院关于促进慈善事业健康发展的指导意见》进一步明确了民政部门主管慈善工作、促进慈善事业发展的角色定位，强调要加强对慈善工作的组织领导，建立健全组织协调机制,并规定了民政部门的一些监管职责:民政部门"要围绕慈善组织募捐活动、财产管理和使用、信息公开等内容,建立健全并落实日常监督检查制度、重大慈善项目专项检查制度、慈善组织及其负责人信用记录制度,并依法对违法违规行为进行处罚"。由此可见,当前,慈善事业发展的日常监督管理职责主要由民政部门承担,近年来,我国慈善事业发展迅速,社会组织数量逐年增加,社会捐赠总额总体呈增长态势,总体来说,是富有成效的。

(3) 政府其他相关部门应当依法各尽其责

民政部门"主管"慈善工作,并不是说与慈善有关的所有工作,都由民政一个部门负责监督、管理和服务。如前所述,慈善法规定的"慈善"是"大慈善",涵盖教育、科学、文化、卫生、体育、生态环境等多项社会公益事业,不同领域都有相应行业行政主管部门。慈善事业涉及部门众多,要形成监管合力,必须在明确主管职责的基础上,同时强调多部门的各负其责、协同治理。鉴于此,慈善法第六条规定:"……县级以上人民政府有关部门依照本法和其他有关法律法规,在各自的职责范围内做好相关工作,加强对慈善活动的监督、管理和服务……"下面,笔者就慈善事业管理中涉及的"有关部门"及其主要职责作简要说明。

(1) 财政、税务部门职责。发展慈善事业,离不开税收政策的支持。在发展慈善事业中，制定免税政策、确认慈善组织的免税资格、给予捐赠税收优惠、管理公益事业捐赠票据等与税收优惠有关的事项，主要是财政、税务部门的责任。负责税收减免工作的财政、税务部门，应当依法履行职责，及时办理相关手续，并依法对慈善组织、慈善信托的财务会计、享受税收优惠和使用公益事业捐赠统一票据等情况进行监督管理。

（2）审计部门职责。慈善财产的使用应当公开透明，接受捐赠人、政府、社会等各方面的监督。根据审计法的规定，审计部门有权依法对通过政府资助或者购买服务获得财政资金的慈善组织或者慈善项目进行审计。

（3）其他业务主管部门的监督职责。慈善监管还涉及教育、科学、文化、卫生、体育、生态环境、海关、公安等多个部门。例如，对境外捐赠用于慈善活动的物资，海关应当依法减征或者免征相应税收；对募捐活动涉嫌危害公共秩序、非法集资、诈骗的，公安机关有权查处；用慈善资金办学校、医院等，教育、卫生等有关部门依照职责分工有权监管。

（4）业务主管单位履行指导和监督职责。慈善组织属于社会组织，目前我国社会组织管理的主要行政法规依据是国务院制定的《社会团体登记管理条例》《民办非企业单位登记管理暂行条例》和《基金会管理条例》。按照三个条例的规定，申请成立社会组织应当经业务主管单位审查同意，登记管理机关和业务主管单位依照法规规定各自履行相应的监督管理职责，这是我国社会组织行政管理中具有特色的"双重管理"体制。根据社会组织登记层级的不同，业务主管单位可以是国务院或地方人民政府有关部门，也可以是国务院或地方人民政府授权的组织。随着改革的不断深化，"双重管理"体制也处在变化中。2013年十八届三中全会通过的《中共中央关于全面深化改革若干重大问题的决定》首次在中央文件中明确提出："重点培育和优先发展行业协会商会类、科技类、公益慈善类、城乡社区服务类社会组织，成立时直接依法申请登记。"此后，各地陆续出台四类组织直接登记的实施办法，但各地登记管理机关对可以直接登记的社会组织适用范围理解不完全一致。目前，有的慈善组织有业务主管单位，有的慈善组织则是直接登记、没有业务主管单位。考虑到情况的复杂性，慈善法规定："慈善组织有业务主管单位的，业务主管单位应当对其进行指导、监督。"值得注意的是，业务主管单位指导监督慈善组织开展活动应当依照慈善法的具体要求。

（5）建立多层次监管体系，完善监督机制。慈善法除在总则规定政府监管职责外，还在分则相关章对其他监督机制作了规定，建立起由政府监管、社会监督、行业自律和慈善组织自治相结合的多层次监管体系。例如，慈善法第十二条要求慈善组织建立健全内部治理结构，明确决策、执行、监督等方面的职责权限，依法进行会计核算，建立健全会计监督制度，并接受政府有关部门的监督管理。第十九条和第一百零七条规定，慈善组织依法成立行业组织。慈善行业组织应当建立健全行业规范，加强行业自律。第一百零六条规定，县级以上人民政府民政部门应当建立慈善组织评估制度，鼓励和支持第三方机构对慈善组织的内部治理、财务状况、项目开展情况以及信息公开等进行评估；第一百零八条规定，国家鼓励公众、媒体对慈善活动进行监督，发挥舆论和社会监督作用，任何单位或者个人发现慈善组织、慈善信托有违法行为的，可以向县级以上人民政府民政部门、其他有关部门或者慈善行业组织投诉、举报；等等。

6. 为什么将每年9月5日定为"中华慈善日"？

慈善法第七条规定："每年9月5日为'中华慈善日'。"设定慈善日，有利于每年定期相对集中地开展慈善宣传教育，在全国层面普及慈善法律法规，大力弘扬慈善文化，在全社会广泛开展爱心总动员，引导、鼓励人们义行善举，形成浓厚的慈善氛围。关于慈善日的具体日期，慈善法草案一审稿曾设在每年3月5日,[①] 全国人大常委会审议时,一些委员提出,3月5日与我国已有的学雷锋纪念日、中国青年志愿者服务日相重合,建议更换恰当的日子。[②] 最终,慈善法将每年9月5日作为中华慈善日,与国际慈善日接轨。

每年9月5日为国际慈善日,是2012年12月17日联合国大会第A/RES/67/105号决议决定的,"旨在客观认识并动员全世界人民、非政府组织和利益相关者通过志愿者和慈善活动帮助他人"。设立国际慈善日是为了纪念特蕾莎修女。特蕾莎修女1910年出生于马其顿一个富裕家庭,12岁萌生做修女的愿望,18岁赴印度致力于帮助那里的穷人,1950年在加尔各答成立仁爱传教修女会,将毕生献给扶贫济困这一伟大事业。在超过45年间,特蕾莎修女先后在印度及其他国家救助穷人、病人、孤儿及临终者,推动仁爱传教修女会不断壮大,享有"全世界穷人之母"的美誉,获得过多个国际性奖项,1979年被授予诺贝尔和平奖。特蕾莎修女逝世于1997年9月5日,享年87岁。

[①] 参见《慈善法(草案)全文》,载中国人大网,http://www.npc.gov.cn/zgrdw/npc/xinwen/lfgz/2015-10/31/content_1949152.htm,2024年7月25日访问。

[②] 参见《设中华慈善日需再研究》,载中国人大网,http://www.npc.gov.cn/c2/c183/c22342/201905/t20190521_220161.html,2024年7月25日访问。

慈善组织

7. 什么是慈善组织？

慈善法第八条第一款规定："本法所称慈善组织，是指依法成立、符合本法规定，以面向社会开展慈善活动为宗旨的非营利性组织。"根据这一规定，慈善组织须具备以下要件：

一是依法成立，即依照法律法规规定的条件和程序成立。这里所说的"法"，主要是指慈善法，也包括其他法律、行政法规有关设立慈善组织的规定，如《基金会管理条例》《社会团体登记管理条例》《民办非企业单位登记管理暂行条例》等。如果将来制定社会组织法，也包括该法在内。随着慈善法的出台，慈善组织要按照该法及相关配套的行政法规规定的条件和程序，直接向民政部门申请登记成立；未经民政部门登记的，不得以慈善组织名义进行活动。对于临时性、规模小等未经民政部门登记的其他组织，法律并没有禁止其开展慈善活动，根据慈善法第一百二十三条的规定，慈善组织以外的其他组织可以开展力所能及的慈善活动。

二是符合慈善法规定。慈善法主要是围绕慈善组织开展慈善活动而规定的，慈善组织必须遵守。特别是慈善法关于设立慈善组织的形式条件和以慈善为目的的实质要求等，如有关不得分配慈善财产、年度慈善活动支出和管理费用等方面的规定，慈善组织必须符合这些基本要求。

三是以慈善为目的，即以面向社会开展慈善活动为宗旨。慈善组织作为专门从事慈善活动的社会组织，必须以增进社会不特定公众利益为宗旨，以奉献社会、服务大众为使命，不以特定私人利益作为组织目的。所谓"面向社会"，是指慈善组织开展慈善活动，应当通过公开、公正、公平的选择程序，让所有符合条件的群体都有机会受益。为自己服务或者团体成员互助的组织，都不属于慈善组织。

四是非营利性。所谓非营利性，核心要求就是不以营利为目的，利润不得用于分配，不以特定私人利益作为组织目的。慈善组织不得像企业、公司那样，以营利为目的从事活动。需要指出的是，非营利性不是不能有盈利，法律允许慈善组织为实现财产保值增值依法进行投资或者收取合理的服务费，但获得的全部收入必须用于慈善目的而不得分配。

8. 慈善组织非营利性的判断标准是什么？

国际上一般将政府以外的组织区分为以营利为目的的企业、公司等营利组织和不以营利为目的的非营利组织；非营利组织又可以区分为以不特定社会公众利益为目的的慈善组织和以成员共同利益为目的的非慈善组织（互益组织）。按照国际通行的定义法，非营利组织的五个要素是：组织性、民间性、利润不分配、自治性、志愿性。慈善组织除具备以上五个要素外，还需满足以下四个条件：一是以公共利益目的为宗旨，即慈善组织一定是以奉献社会、服务大众为唯一使命的组织。二是有特定的活动领域，各国对慈善组织活动领域的界定不尽一致，但普遍包括扶贫、济困、教育、科学、文化、医疗卫生、体育、环保及社会服务等。三是非传教性，指不能借助慈善，在宗教场所以外的地方进行传教、布道。四是非歧视性，指慈善组织在运行时不得有歧视行为，禁止歧视性条款。各国法律对慈善组织的定义基本涵盖了上述内容，且重点强调的是前两个条件。例如，英国要求慈善组织必须符合两个条件：（1）为了慈善公益目的而设立；（2）能够证明其运行能为公众带来利益。美国国内税务局规定，为宗教、科学、公共安全试验、文学、教育、促进业余体育竞技或预防虐待儿童、动物等目的而成立和运行的组织为免税组织（慈善组织）。

在慈善法颁布之前，我国法律并没有对慈善组织这一概念加以界定。1999年制定的公益事业捐赠法第十条第二款规定："本法所称公益性社会团体是指依法成立的，以发展公益事业为宗旨的基金会、慈善组织等社会团体。"这里出现了"慈善组织"这个名称，但并没有明确什么是慈善组织，而且将慈善组织与基金会并列，与慈善法规定的慈善组织在外延上有很大区别。按照民法典的分类，我国的法人主要包括营利性法人、非营利性法人、特别法人、非法人组织等。其中，企业法人是典型的营利性组织，社会团体法人、捐助法人（基金会、社会服务机构）就是非营利性的社会组织。

关于非营利组织的认定标准，企业所得税法和企业所得税法实施条例从税法角度作了明确。企业所得税法实施条例第八十四条规定："企业所得税法第二十六条第（四）项所称符合条件的非营利组织，是指同时符合下列条件的组织：（一）依法履行非营利组织登记手续；（二）从事公益性或者非营利性活动；（三）取得的收入除用于与该组织有关的、合理的支出外，全部用于登记核定或者章程规定的公益性或者非营利性事业；（四）财产及其孳息不用于分配；（五）按照登记核定或者章程规定，该组织注销后的剩余财产用于公益性或者非营利性目的,或者由登记管理机关转赠给与该组织性质、宗旨相同的组织,并向社会公告;(六)投入人对投入该组织的财产不保留或者享有任何财产权利;(七)工作人员工资福利开支控制在规定的比例内,不变相分配该组织的财产。前款规定的非营利组织的认定管理办法由国务院财政、税务主管部门会同国务院有关部门制定。"在新的非营利组织认定标准出台之前,应当把慈善法的相关规定和企业所得税法实施条例第八十四条的规定结合起来,作为判断慈善组织非营利性的标准。

9. 慈善组织有哪些组织形式,它是新类型的社会组织吗?

慈善法第八条第二款规定:"慈善组织可以采取基金会、社会团体、社会服务机构等组织形式。"这一规定表明,慈善组织主要有三种组织形式,即基金会、社会团体和社会服务机构。这就厘清了慈善组织与社会组织现有的三种形式的关系,也表明慈善组织不是一种新类型的社会组织。

在现有三类社会组织中,基金会是利用捐赠财产,以从事公益事业为目的非营利性法人,总体上应当属于慈善组织,如中国青少年发展基金会、中国残疾人福利基金会、中华环境保护基金会、爱佑慈善基金会、安利公益基金会、北京大学教育基金会等。

社会团体是指公民自愿组成，实现会员共同意愿的非营利性社会团体法人，主要类型有协会、学会、研究会、促进会、联合会、校友会等。社会团体中，以慈善即社会公共利益为宗旨，而不是主要服务于会员群体利益的属于慈善组织，如中华慈善总会、重庆慈善总会、陕西慈善协会、广东狮子会等。主要服务于团体会员的社会团体不属于慈善组织，如行业协会、商会等。

社会服务机构此前被称为民办非企业单位，是指利用非国有资产举办，从事非营利性社会服务活动的社会组织，主要类型有非营利的民办教育机构、民办医疗机构、社工服务机构等。社会服务机构中面向广大公众、弱势群体提供慈善服务的属于慈善组织，如北京致诚农民工法律援助与研究中心、百年职校等。

据统计，截至2022年年底，各级民政部门登记的社会组织共89.13万家，其中，基金会9321家。[①] 慈善法施行后，民政部门要根据申请，对已经成立的基金会、社会团体和社会服务机构进行认定，符合条件的就是本法所称的

---

① 参见《2022年民政事业发展统计公报》，载中华人民共和国民政部网站，https://www.mca.gov.cn/n156/n2679/c1662004999979995221/attr/306352.pdf，2024年7月25日访问。

慈善组织。新成立的社会团体、基金会和社会服务机构在成立时可以直接申请登记为慈善组织。

在慈善法颁布施行前，我国社会组织分别由《基金会管理条例》《社会团体登记管理条例》《民办非企业单位登记管理暂行条例》三部行政法规进行规制，基金会、社会团体、民办非企业单位三种社会组织之中都包含了慈善组织。

10. 慈善组织应当符合哪些条件？

慈善法第九条规定："慈善组织应当符合下列条件：（一）以开展慈善活动为宗旨；（二）不以营利为目的；（三）有自己的名称和住所；（四）有组织章程；（五）有必要的财产；（六）有符合条件的组织机构和负责人；（七）法律、行政法规规定的其他条件。"对慈善组织规定上述条件，是基于慈善组织的基本特征，没有这些具体条件作支撑，就成不了慈善组织。

（1）以开展慈善活动为宗旨

慈善组织是专门从事慈善活动的社会组织，从慈善业务领域来看，慈善法第三条规定的"大慈善"业务都可以成为慈善组织的具体服务宗旨。实践中，一个慈善组织的具体慈善宗旨不会多，通常有 1 项至 3 项，如以扶贫、孤儿教育或者救治白血病人等为具体宗旨。正是这种特定的慈善宗旨，使各个慈善组织更加容易区别开来，满足大众日益多样化的需求。

(2) 不以营利为目的

这是慈善组织非营利性的核心，也是慈善组织区别于公司、企业的本质所在。慈善组织可以依法开展募捐和接受捐赠，可以通过提供慈善服务适当收取费用，可以为实现财产的保值增值依法进行投资。开展这些活动的最终目的是实现慈善宗旨，而不是为了慈善组织及其管理人员的自身利益而营利。

(3) 有自己的名称和住所

2024年1月4日，民政部公布的《社会组织名称管理办法》中明确，社会团体的名称应当与其业务范围、会员分布、活动地域相一致。基金会、民办非企业单位的名称应当与其业务范围、公益目的相一致。慈善组织作为社会组织的一种属性，也应遵从其规定，如中华慈善总会，四川省残疾人福利基金会等。该办法还要求，县级以上地方人民政府的登记管理机关登记的社会组织名称中含有"中国""全国""中华""国际""世界"等字词的，该字词应当是行（事）业领域限定语，并且符合国家有关规定。这意味着慈善组织未经批准，不得随意使用"中国""中华""世界"等字样，不得随意使用自然人姓名、已故名人姓名作为字号。

该办法还对社会组织的分支机构、代表机构的名称作了明确规定，如社会团体、基金会依法设立的分支机构、代表机构名称，应当冠以其所从属社会组织名称的规范全称。社会团体分支机构名称应当以"分会""专业委员会""工作委员会""专家委员会""技术委员会"等准确体现其性质和业务领域的字样结束；基金会分支机构名称一般以"专项基金管理委员会"等字样结束。社会团体、基金会代表机构名称应当以"代表处""办事处""联络处"字样结束。社会团体、基金会的分支机构、代表机构名称，除冠以其所从属社会组织名称外，不得以法人组织名称命名；在名称中使用"中国""全国""中华"等字词的，仅限于作为行（事）业领域限定语。这说明，以社会团体、基金会形式认定的慈善组织在设立分支机构（专项基金）、代表机构时，必须考虑名称的规范性，不得以××促进会××中国工作委员会，不得以××基金会中华×××专项基金等名称命名。

值得注意的是，该办法对于社会组织内部设立的办事机构名称进行了规范，要求社会组织内设部门应当以"部""处""室"等字样结束，不得以法人组织名称命名。此规定主要是避免部分社会组织通过在内部设立中心、学院、研究院等机构，如"中国××基金会××促进中心"等，以内设机构混淆法人名称,"拉大旗、扯虎皮"等行为。

慈善组织的住所指的是慈善组织的登记地址,也是主要工作的地点,是慈善组织设立的基本要素。《基金会管理条例》第八条规定,基金会有固定的住所。第十五条规定,登记事项需要变更的,应当向登记管理机关申请变更登记。《社会组织信用信息管理办法》第十一条规定"通过登记的住所无法与社会组织取得联系的"将被登记管理机关列入活动异常名录。业务主管单位、登记管理机关对慈善组织进行监督管理,社会公众、媒体进行社会监督,捐赠人、受益人查询相关信息,司法机关递送法律文件等,都离不开慈善组织合法登记的住所。如果无法通过注册登记信息联系到慈善组织,不仅会引起社会质疑,还有可能受到行政处罚。因此,慈善组织应重视住所的登记变更,一是要和住所所有者签订协议,慈善组织的住所一般应有独立的所有权或使用权。租用办公场所的慈善组织应与所在场所的所有者签订协议,免费提供的也要签订无偿使用协议。二是如住所发生变更,应及时到登记管理机关进行住所变更,法人登记证书和相关证书也应一并变更。

(4)有组织章程

章程是社会组织经特定程序制定的关于组织规程和办事规则的规范性文书。组织章程,通常用以对本组织的性质、宗旨、任务、机构、人员构成、内部关系、职责范围、权利义务、活动规则、纪律措施等作出明确规定。章程是组织的基本纲领和行动准则，在一定时期内稳定地发挥其作用，如需更改或修订，应履行特定的程序与手续；章程一经通过、实施，就对组织内部产生约束力，全体成员必须共同遵守，具有一定的规范作用和约束力。

（5）有必要的财产

这是对设立慈善组织的财产条件要求。《社会团体登记管理条例》规定，成立社会团体，应当有合法的资产和经费来源，全国性的社会团体有 10 万元以上活动资金，地方性的社会团体和跨行政区域的社会团体有 3 万元以上活动资金。《基金会管理条例》也对各类基金会的原始基金规定了最低限额。目前，三个社会组织条例都在抓紧修改，待新条例出台后，按新的标准执行。

（6）有符合条件的组织机构和负责人

一个健全的慈善组织通常要有决策、执行和监督机构及其负责人，这些机构和负责人要符合法律、行政法规规定的条件。例如，慈善法第十二条规定，慈善组织应当建立健全内部治理结构，明确决策、执行、监督等方面的职责权限。第十六条规定了不得担任慈善组织负责人的四种情形。《基金会管理条例》第二十条明确了基金会理事会的理事人数和任职要求：基金会设理事会，理事为 5 人至 25 人，理事任期由章程规定，但每届任期不得超过 5 年。

用私人财产设立的非公募基金会,相互间有近亲属关系的基金会理事,总数不得超过理事总人数的1/3;其他基金会,具有近亲属关系的不得同时在理事会任职。在基金会领取报酬的理事不得超过理事总人数的1/3。

(7) 法律、行政法规规定的其他条件

这是一个兜底条款,这些"其他条件"必须是法定的,而不是主管部门随意规定的。由于慈善组织有基金会、社会团体和社会服务机构三种形式,各个慈善组织从事的慈善业务所属行业领域也不相同,对不同形式、不同行业领域的慈善组织从事相关活动,我国有关法律、行政法规都相应规定了具体条件,这些条件有的相同,有的不同。例如,行政法规对基金会、社会团体和社会服务机构在资金、人数等方面都有不同的成立条件要求,对公募基金会和非公募基金会的成立要求也有区别。慈善法难以穷尽各种慈善组织的具体条件,只能对其中共同的条件作出原则性规定,其他条件要遵照其他法律、行政法规的规定。

需要指出的是,慈善法第九条侧重规定慈善组织的形式条件,但也有实质要件,即以开展慈善活动为宗旨、不以营利为目的。在实质要件的细化上,慈善法在第五十三条、第六十一条等条文中作了具体规定。这些实质性条件,是构成慈善组织与其他组织区别的关键所在,也是享受国家税收优惠的必备条件,慈善组织必须符合。

11. 设立慈善组织须经哪些程序？

慈善法第十条分三款对不同情形下设立慈善组织的程序作了规定："设立慈善组织，应当向县级以上人民政府民政部门申请登记。民政部门应当自受理申请之日起三十日内作出决定。符合本法规定条件的，准予登记并向社会公告；不符合本法规定条件的，不予登记并书面说明理由。""已经设立的基金会、社会团体、社会服务机构等非营利性组织，可以向办理其登记的民政部门申请认定为慈善组织，民政部门应当自受理申请之日起二十日内作出决定。符合慈善组织条件的，予以认定并向社会公告；不符合慈善组织条件的，不予认定并书面说明理由。""有特殊情况需要延长登记或者认定期限的，报经国务院民政部门批准，可以适当延长，但延长的期限不得超过六十日。"新修改的慈善法删除了"本法公布前"，在工作实践中，慈善组织的登记认定既要依据慈善法上述的一般规定，又要依据慈善组织具体形式相应的行政法规，即《基金会管理条例》《社会团体登记管理条例》《民办非企业单位登记管理暂行条例》的具体规定（将来修改后依照新规定办）。下面，笔者分别对新设慈善组织和已设慈善组织两种情况的登记认定程序作简要说明。

(1) 新设立慈善组织的登记程序

第一,申请人向县级以上人民政府民政部门提交成立基金会、社会团体或者社会服务机构的申请,在申请书和章程中应当明确载明申请成立的是慈善组织。申请应当符合慈善法第九条以及与相应慈善组织形式对应的相关法律和行政法规的要求。例如,申请成立基金会,除应当符合慈善法第九条规定外,还应当符合《基金会管理条例》的相关规定。《基金会管理条例》的规定与慈善法规定不一致的,按照慈善法的规定办理。

第二,民政部门自收到全部有效文件之日起 30 日内,按照法律法规规定的条件和程序进行审查,作出准予登记或者不予登记的决定;因特殊情况需要延长登记期限的,经国务院民政部门批准,可以适当延长,但延长期限不得超过 60 日。

第三,准予登记的,民政部门根据申请人的申请发给基金会、社会团体或者社会服务机构法人登记证书,登记证书上载明其组织属性为慈善组织,并向社会公告;不予登记的,登记管理机关应当向申请人书面说明理由。

(2) 已经设立的社会组织的认定程序

在新修改的慈善法第十条中,删除了"本法公布前"五个字,意味着无论任何时候成立的社会组织,符合上述条件的,都可以向办理其登记的民政部门申请认定为慈善组织。2016年6月民政部通过《慈善组织认定办法》也会随之调整。

第一，基金会、社会团体、社会服务机构向原登记的民政部门提交认定为慈善组织的申请。因为其已经是经合法登记成立的社会组织，只是囿于当时的规定，不具有慈善组织的身份。所以，其申请应当符合慈善法第九条规定的要求，明确以开展慈善活动为宗旨。

第二，民政部门自收到全部有效文件之日起20日内，作出准予或者不予认定为慈善组织的决定；因特殊情况需要延长认定期限的，经国务院民政部门批准，可以适当延长，但延长期限不得超过60日。

第三，准予认定的，换发新的基金会、社会团体或者社会服务机构法人登记证书，载明其组织属性为慈善组织，并向社会公告；不予认定的，应当书面说明理由。

需要指出的是，根据行政许可法第八十二条的规定，行政机关实施行政许可的期限以工作日计算，不含法定节假日。行政许可法第四十五条还规定："行政机关作出行政许可决定，依法需要听证、招标、拍卖、检验、检测、检疫、鉴定和专家评审的，所需时间不计算在本节规定的期限内。行政机关应当将所需时间书面告知申请人。"由于慈善组织涉及的领域广泛，专业性强且情况复杂，在审查慈善组织设立申请或认定申请时，有可能会按照行政许可法规定举行听证、专家评审等。如果涉及上述规定的，民政部门也要及时将听证或专家评审所需时间书面告知申请人。

另外，根据《社会团体登记管理条例》《基金会管理条例》《民办非企业单位登记管理暂行条例》的规定，对于这三类组织采取的都是分级登记管理体制。县、设区的市、省级和国务院民政部门分别负责本级的社会组织登记和慈善组织认定。

（3）事业单位和非法人社会组织可否认定为慈善组织

除基金会、社会团体、社会服务机构三类社会组织外，事业单位可否认定为慈善组织，这要结合事业单位改革情况来定，目前还不能纳入慈善组织范畴。未经登记的社区服务类社会组织以及其他非法人社会组织，由于其不具备独立承担民事责任的主体资格，难以按照慈善法的规定建立健全内部治理结构和决策、执行、监督机制，难以完整地行使慈善法赋予慈善组织的权利并承担相关义务，所以，不宜认定为慈善组织。但这些组织依然可以开展力所能及的慈善活动，做出突出贡献的，依然可以受到慈善表彰。

12. 慈善法关于慈善组织的登记认定如何与现行非营利组织登记管理体制相衔接？

慈善法在组织形式上，明确了慈善组织采用基金会、社会团体、社会服务机构等现有的社会组织三种具体形式，而不是在现行社会组织类型之外再增加一种新的组织类型。本法所称的"社会服务机构"即《民办非企业单位登记管理暂行条例》所称的"民办非企业单位"。

长期以来，以《社会团体登记管理条例》《基金会管理条例》《民办非企业单位登记管理暂行条例》等行政法规为依据，我国形成了"归口登记、双重管理、分级负责"的社会组织登记管理体制，是慈善组织登记管理的基本遵循。社会组织按照行政层级由县以上各级民政部门分级负责登记，全国性的社会组织由民政部登记。在登记程序上，所有的社会组织按照其类别分别适用上述三个条例的有关规定。已经成立的社会组织可以向办理其登记的民政部门申请认定为慈善组织；新成立的慈善组织应当在申请成立登记的同时明确其慈善组织属性。民政部门进行慈善组织认定应当遵守慈善法规定的条件、程序和时限。按照"谁审批，谁监管"的原则，对慈善组织进行登记和认定的民政部门是该组织的登记管理机关，对该组织履行监管职责，对发生的违法行为依法进行处罚。这一安排充分尊重了现行社会组织登记管理体制中的合理部分，保留了分级登记监管体系。

慈善法第二十条规定："慈善组织的组织形式、登记管理的具体办法由国务院制定。"依据这一条和慈善法的其他有关规定,《社会团体登记管理条例》《基金会管理条例》和《民办非企业单位登记管理暂行条例》要按照慈善法的有关规定进行修订,形成法律和行政法规的有效衔接。除登记认定以外,慈善法还明确规定"慈善组织应当每年向其登记的民政部门报送年度工作报告和财务会计报告",改变了现行的社会组织年检制度,明确了慈善组织信息公开、民政部门和有关部门对慈善活动进行监督检查、建立慈善组织评估制度、慈善组织及其负责人社会信用记录制度等规范,既延续了我国社会组织登记管理的一些规定,又有新的变化,三部条例的修订和慈善法配套制度的制定要按照这些延续和变化来构建新的慈善组织监管制度。因此,要使慈善法关于设立慈善组织等规定落到实处,必须抓紧修改上述三部条例。

13. 如何查询慈善组织及其信息?

随着慈善法的深入实施,很多以协会、促进会、中心为名称的社会团体、社会服务机构被认定为慈善组织,同时,不法分子冒用慈善组织名义实施诈骗,一些非法社会组织通过"拉大旗、扯虎皮"等方式行非法敛财,违法犯罪之实,对慈善组织、慈善事业的公信力造成了很大伤害。慈善组织经过社会组织登记、慈善组织认定等大量程序,其合法性、规范性、社会影响力相比其他社会组织更强，社会关注度更高。作为捐赠人、受益人和关心慈善事业的社会公众来说，查询慈善组织的合法身份，对慈善组织的工作进行监督是应有之义。一般而言，查询慈善组织的方式有以下几种：

一是通过国务院民政部门统一的慈善信息平台"慈善中国"（https：//cszg.mca.gov.cn/）查询，该网站按照《慈善组织信息公开办法》建立，社会公众可查询慈善组织的登记信息、治理信息和项目信息等，还可以查阅慈善组织年度报告和财务会计报告，可以比较全面地了解慈善组织。

二是通过"社会组织政务服务平台（https：//chinanpo.mca.gov.cn/）"以及"中国社会组织微信公众号"查询，该平台可以查询包括慈善组织在内的所有登记注册的社会组织的基本信息，还可以查询涉嫌非法社会组织的相关信息。

三是通过慈善组织的官方网站、公众号查询，在百度搜索结果中对其加注"官方"和"民政部门登记的社会组织"标签，并将经过认证的官网信息前置显示，以方便社会公众识别，提高合法社会组织的公信力、传播力。

14. 慈善组织章程应当载明哪些事项？

慈善法第十一条规定："慈善组织的章程，应当符合法律法规的规定，并载明下列事项：（一）名称和住所；（二）组织形式；（三）宗旨和活动范围；（四）财产来源及构成；（五）决策、执行机构的组成及职责；（六）内部监督机制；（七）财产管理使用制度；（八）项目管理制度；（九）终止情形及终止后的清算办法；（十）其他重要事项。"

章程是慈善组织实现自治、自我管理最根本的制度，章程对于一个慈善组织的地位、作用，相当于宪法对于一个国家那样重要和必不可少。章程是慈善组织内部治理和开展活动的重要依据，也是政府和社会对慈善组织进行监督管理的依据之一。章程是确定慈善组织权利、义务关系的基本法律文件，慈善组织依据章程享有各项权利，并承担各项义务。

慈善法第十一条对慈善组织章程的制定和内容进行了规范，主要提出了两个方面的要求：

一是明确了慈善组织的章程应当符合法律法规的规定。任何组织的内部制度都必须建立在国家现有法律法规的基础之上，不允许有超越或违背国家法律法规的内容出现。章程虽然是慈善组织自治意志的体现，但也必须遵守国家有关法律法规，否则将是无效的。

二是列举了慈善组织章程应当载明的十个重要事项。其中，设立宗旨及业务范围、决策、执行机构的组成及职责、内部监督机制、财产管理使用制度、项目管理制度是章程的核心内容,是决定慈善组织能否健康可持续发展的关键所在。

此外,《社会团体登记管理条例》规定社会团体的章程应当包括:名称、住所;宗旨、业务范围和活动地域;会员资格及其权利、义务;民主的组织管理制度,执行机构的产生程序;负责人的条件和产生、罢免的程序;资产管理和使用的原则;章程的修改程序;终止程序和终止后资产的处理等。《基金会管理条例》规定基金会的章程应当包括:名称及住所;设立宗旨和公益活动的业务范围;原始基金数额;理事会的组成、职权和议事规则,理事的资格、产生程序和任期;法定代表人的职责;监事的职责、资格、产生程序和任期;财务会计报告的编制、审定制度;财产的管理、使用制度;基金会的终止条件、程序和终止后财产的处理。《民办非企业单位登记管理暂行条例》规定民办非企业单位(本法所称社会服务机构)的章程应当包括:名称、住所;宗旨和业务范围;组织管理制度;法定代表人或者负责人的产生、罢免的程序;资产管理和使用的原则;章程的修改程序;终止程序和终止后资产的处理等。上述内容是不同形式的慈善组织章程中应当包含的。当然,三个条例修改以后,按照新规定执行。

此外,民政部还依据上述法律和行政法规的规定,分类制定了包括慈善组织在内的各类社会组织的章程示范文本，慈善组织在制定章程时可以参照。

15. 慈善组织如何建立健全内部治理结构？

慈善法第十二条分两款对慈善组织内部治理结构和管理制度作了原则性规定："慈善组织应当根据法律法规以及章程的规定，建立健全内部治理结构，明确决策、执行、监督等方面的职责权限，开展慈善活动。""慈善组织应当执行国家统一的会计制度，依法进行会计核算，建立健全会计监督制度，并接受政府有关部门的监督管理。"

根据 2016 年 8 月中共中央办公厅、国务院办公厅印发的《关于改革社会组织管理制度促进社会组织健康有序发展的意见》，社会组织内部治理的总体目标是，健全内部监督机制，成为权责明确、运转协调、制衡有效的法人主体。慈善组织内部治理结构，是慈善组织内部按照分工要求形成的各个相互作用的组织结构，以求有效、合理地把组织成员动员起来，为实现共同目标而协同努力。一个规范的慈善组织，通常需要决策、执行、监督三个方面的内部治理机构：决策机构是承担本组织决策任务、行使决策权力的机构，如社会团体的成员大会等；执行机构是负责执行决策机构做出的决策、执行任务的机构；监督机构是负责监督执行决策任务的机构。决策机构、执行机构和监督机构各司其职，互相配合，共同完成慈善组织的使命。

我国《基金会管理条例》等有关社会组织的三部行政法规对基金会、社会团体和民办非企业单位（社会服务机构）内部治理均有明确规定。对于目前的三类社会组织而言，内部治理结构既有共同之处，也有差异。社会团体的最高权力机构是会员大会（或会员代表大会），并由会员大会（或会员代表大会）选出理事会作为执行机构，根据会员大会（或会员代表大会）的授权在闭会期间领导社会团体开展日常工作。基金会和民办非企业单位的最高权力机构是理事会，基金会由秘书长领导内设机构负责日常管理，对理事会负责；民办非企业单位由院长（或校长、所长、主任等）领导内设机构负责日常管理，对理事会负责。社会团体和民办非企业单位目前没有设立监事的强制性规定。基金会要设监事进行内部监督。在行政法规或章程范本等规范性文件中，对于会员（代表）大会、理事会的构成及行为准则，如人数、会议召开的次数、表决的程序等，也有较为详细的规定。从国外相关立法来看，很多国家都重视慈善组织内部治理问题。例如，美国规定慈善组织的组织机构必须由董事会和执行官组成。日本规定非营利组织必须有理事，公益组织应设监事、评议员，应有专职的审计人员。《俄罗斯慈善活动和慈善组织法》专门对慈善组织的最高管理机关及其职权等事项作出详细规定。

在政府职能转换、国家治理结构转型和加强社会建设的背景下，包括慈善组织在内的社会组织的发展与治理，已经成为近年来理论界和管理层都十分关注的现实课题。改革开放30多年以来，社会组织的发展空间得到极大的拓展，各种类型的社会组织快速成长，他们在提供社会服务、参与社会治理、推动政府机构改革等方面发挥着越来越重要的作用。但这些慈善组织在成长发育过程中仍然面临诸多难题，一些组织自身还存在内部治理结构单一、管理制度不完善不透明、慈善活动运作不规范、社会公信力不高等问题，影响了慈善事业的健康发展。

自治性是慈善组织建立独立法律主体地位的基本要求，也是接受政府监管和社会监督的基础。而要实现自治，慈善组织必须建立健全内部治理结构和相关管理制度。2014年《国务院关于促进慈善事业健康发展的指导意见》强调，要"切实加强慈善组织自我管理。慈善组织要建立健全内部治理结构，完善决策、执行、监督制度和决策机构议事规则，加强内部控制和内部审计，确保人员、财产、慈善活动按照组织章程有序运作"。延伸来讲，慈善组织为了实现有效的自我治理，应当主要在三个方面进行规范：一是去行政化，在职能、机构、人员、财产方面均实现独立自主。二是明确治理方式,建立以章程为核心、以会员大会或理事会为最高权力机构的组织、议事、决策、监督机制,维护组织的权利;由于存在所有者缺位,还要充分考虑会员大会或理事会不能正常履职时的救济措施。三是建立行为准则,要求慈善组织在筹集财产、开展慈善活动、资产保值增值、信息公开等各个环节都遵守行为规范、建立内部控制机制,对自己的行为独立承担责任,对慈善财产承担全部责任。

16. 慈善组织应当建立哪些管理制度?

除内部治理结构、运行机制外,慈善组织还应当依照慈善法和其他法律、行政法规要求,建立健全各方面日常管理制度。慈善法明确要求,慈善组织应建立项目管理制度;《慈善组织信息公开办法》要求,慈善组织应公开项目管理制度、财务资产管理制度、信息公开制度;《民政部关于加强和改进社会组织薪酬管理的指导意见》规定,社会组织应建立薪酬管理制度;《关于改革社会组织管理制度促进社会组织健康有序发展的意见》规定,社会组织要依照法规政策和章程建立健全法人治理结构和运行机制以及党组织参与社会组织重大问题决策等制度安排,完善会员大会(会员代表大会)、理事会、监事会制度;档案法规定，按照国家规定应当形成档案的机关、团体、企业事业单位和其他组织，应当建立档案工作责任制，依法健全档案管理制度。

由于慈善组织开展慈善活动涉及大量资金等财产，慈善法对其会计制度专门作出规定。在执行的会计制度方面，《民间非营利组织会计制度》（以下简称《制度》），在会计要素、会计计量基础、净资产的核算和列报、收入的确认、费用的分类，以及财务会计报告构成等方面，均与一般常用的企业会计制度有较大区别：一是会计要素。《制度》没有设置企业会计中的所有者权益和利润会计要素，而是采用了净资产，也没有设置预算会计中的支出会计要素，而是采用了费用。二是会计计量基础。捐赠、政府补助等是无偿取得，无法按实际成本原则确认和计量，因此引入了公允价值等计量基础。三是净资产的核算和列报。非营利组织净资产主要来自捐赠，而捐赠经常有时间或用途的限定，适应这个特点，《制度》将净资产分为限定性净资产和非限定性净资产两类进行核算和列报。四是收入的确认。非营利组织的收入既有捐赠、会费等非交换交易收入，又有提供服务收入、投资收益等交换交易收入，《制度》对此进行了区分。五是费用的分类。适应评价非营利组织经营绩效的要求，《制度》对费用的会计核算严格区分业务活动成本和期间费用。六是财务会计报告的内容及其组成。非营利组织的财务会计报告至少应当包括资产负债表、业务活动表、现金流量表三张基本报表以及会计报表附注等内容，与企业也有较大差别。

此外，作为社会组织和非营利法人，慈善组织也应该根据法律法规要求和自身特点，建立党组织参与重大事项决策制度、人事管理制度、证书印章管理制度、对外合作制度、公开募捐管理制度、分支代表机构管理制度、专项基金管理制度等，明确职能职责、工作要求，慈善组织建立健全管理制度，对于规范内部治理、实现健康、高质量发展具有重要意义。

17. 慈善组织每年向民政部门提交年度报告应当包括哪些内容，未依法报送年度报告应承担什么责任？

多年以来，年度检查是民政部门对慈善组织实施监督管理的重要方式。国务院《社会团体登记管理条例》《民办非企业单位登记管理暂行条例》《基金会管理条例》等行政法规都规定了慈善组织接受年度检查的义务。民政部《民办非企业单位年度检查办法》《基金会年度检查办法》等规章还对慈善组织年度检查作出了详细规定。不过，实践中，慈善组织年检制度存在不少问题，如民政部门因力量有限难以进行实质性检查从而导致年检流于形式，而慈善组织却要为此付出大量人力和物力，在一些地方，年检还给慈善组织申请税前扣除资格带来影响，等等。慈善法起草过程中，慈善组织普遍希望改革年检制度。立法者根据社会各界的意见和实际情况，在法律中将年度检查改为年度报告。

慈善法第十三条规定："慈善组织应当每年向办理其登记的民政部门报送年度工作报告和财务会计报告。报告应当包括年度开展募捐和接受捐赠、慈善财产的管理使用、慈善项目实施、募捐成本、慈善组织工作人员工资福利以及与境外组织或者个人开展合作等情况。"

慈善组织每年向民政部门提交年度报告，是主动接受民政部门监督检查的方式之一，也是民政部门确认慈善组织是否依法依规开展活动的重要依据。慈善组织经民政部门核准登记取得合法身份，仅仅是其活动的开始，更为重要的是要在今后的活动中不断规范自身行为，不断完善和发展。提交年度报告，接受民政部门的监管，是促进慈善组织健康有续发展的重要手段，也是民政部门不断完善相关政策，提高监管水平的有效途径。

根据法律要求，慈善组织在提交年度工作报告的同时，还要提交财务会计报告。财务会计报告必须按照会计法和《民间非营利组织会计制度》进行编制，确保报告真实完整。

值得一提的是，在法律草案起草过程中，有些人曾提出建议，慈善组织提交的财务会计报告应当事先经过审计。只有这样，才能保证财务会计报告的真实性和规范性，方便监管。不过，许多慈善组织提出，如果每年都聘请会计师事务所对财务会计报告进行审计，对于一些小微慈善组织来说，年度支出可能只有几千元，但审计费用也要上千元，负担过重，而且实际意义不大，因此建议不搞"一刀切"。立法者采纳了这一建议，并未要求所有慈善组织提交的财务会计报告都要事前经过审计。根据慈善法第七十八条的规定，具有公开募捐资格的慈善组织的财务会计报告须经审计。另外，民政部门也可以委托会计师事务所对慈善组织提交的财务会计报告进行抽查审计。

慈善法同时对不依法报送年度工作报告的慈善组织规定了法律责任。依据慈善法第一百一十条的规定，慈善组织未依法报送年度工作报告和财务会计报告的，由县级以上人民政府民政部门责令限期改正，予以警告，并没收违法所得；逾期不改正的，责令限期停止活动并进行整改。经依法处理后一年内再出现前款规定的情形，或者有其他情节严重情形的，由县级以上人民政府民政部门吊销登记证书并予以公告。

18. 什么是募捐成本？为什么慈善组织需要在年度报告中披露募捐成本？

新修改的慈善法在第十三条慈善组织年度工作报告中加入了"募捐成本"的内容。募捐成本最早在 2016 年 8 月，民政部发布的《慈善组织公开募捐管理办法》第十条中提出，即开展公开募捐活动，应当依法制定募捐方案。募捐方案包括募捐目的、起止时间和地域、活动负责人姓名和办公地址、接受捐赠方式、银行账户、受益人、募得款物用途、募捐成本、剩余财产的处理等。

募捐成本目前还没有明确的法律定义。《民间非营利组织会计制度》规定，筹资费用，是指民间非营利组织为筹集业务活动所需资金而发生的费用，包括民间非营利组织为了获得捐赠资产而发生的费用以及应当计入当期费用的借款费用、汇兑损失（减汇兑收益）等。民间非营利组织为了获得捐赠资产而发生的费用包括举办募款活动费，准备、印刷和发放募款宣传资料费以及其他与募款或者争取捐赠资产有关的费用。目前，"筹资费用"还难以完全用来解释"募捐成本"。慈善组织开展募捐活动，特别是公开募捐活动，有时会投放广告，举办筹款活动，印刷宣传品等，会产生相关费用。近年来，随着互联网等新型募捐方式的兴起,个别慈善组织在互联网上大量购买流量,组织高档次的筹款活动,将大量人员工资计入筹资成本,导致募捐成本过高,甚至出现成本大于募捐收入的情况,使得一些来自企业和社会的慈善捐赠难以完全实现公益目的,受益人难以真正受益,也出现了一些慈善财产流失的情况。

因此,本次慈善法修改,特别提出了对慈善组织的募捐成本的要求:一是必须在年报中体现;二是"募捐成本最必要原则";三是民政部门、财税部门应制定相应标准。慈善法的新要求,一是可以起到警示的作用,提醒慈善组织精准设计项目,规范开展募捐,审慎使用资金,提升慈善财产使用效率;二是可以更好地加强监管,通过募捐成本标准要求,让募捐成本最低化,社会效益最大化,避免慈善财产流失;三是可以促进公开透明,让社会公众更好地监督慈善组织的财产使用情况,提升慈善事业的公信力。募捐成本的概念也将在民政部出台的相关政策性文件中给出准确定义,对于社会公众理解公益慈善不仅是"自愿""非营利"的事业,而且慈善组织、慈善募捐是"有成本的",以及正确理解慈善事业具有积极意义,同时也将对募捐成本的使用范围、比例,财务核算等作出明确规定,这有利于慈善事业的健康有序发展。

19. 为什么慈善组织年度报告中要加入"与境外组织或个人开展合作情况"?

新修改的慈善法将"与境外组织或个人开展合作情况"作为年度报告的内容。这里的境外组织,不仅是指境外非政府组织,也包括政府部门、企业和非法人组织。境外组织类别、数量繁多,鱼龙混杂。2017年1月《中华人民共和国境外非政府组织境内活动管理法》正式实施,明确要求境外非政府组织在中国境内开展活动,应当依法登记设立代表机构;未登记设立代表机构需要在中国境内开展临时活动的,应当依法备案。同时规定境外非政府组织不得在境内开展募捐,不得发展会员等。中国境内的慈善组织依据此法与境外非政府组织合作,按规定办理相关手续,接受慈善捐赠、合作开展活动,业务主管单位、公安部门都会进行审核把关,可以有效规避风险。关于慈善组织与境外非政府组织之外的组织合作,如接受境外企业捐赠,与境外政府组织合作举办会议、邀请境外人士参会等,还需要民政部门会同其他有关部门出台实施细则。从实践来看,部分业务主管单位,地方民政部门已经制定了社会组织重大事项报告制度,涉外事项属于重大事项,需要社会组织提前报批或者备案、告知,在业务主管单位指导下开展涉外活动。2018年7月民政部印发的《民政部直管社会组织重大事项报告管理暂行办法》第五条规定:"直管社会组织的下列事项,应当履行报批程序……(六)与境外组织、人员开展项目合作,接受境外捐赠资助,加入境外非政府组织,邀请境外组织和人员(参照外事部门备案的有关规定)来访或参加活动;(七)在境外开展业务活动、执行合作项目或设立分支(代表)机构,组织出国(境)开展交流活动或参加会议、论坛、培训等……"

20. 慈善组织发生关联交易应当遵循哪些规定?违反规定应当承担什么法律责任?

慈善法第十四条对慈善组织关联交易事项分两款作了规定:"慈善组织的发起人、主要捐赠人以及管理人员,不得利用其关联关系损害慈善组织、受益人的利益和社会公共利益。""慈善组织的发起人、主要捐赠人以及管理人员与慈善组织发生交易行为的,不得参与慈善组织有关该交易行为的决策,有关交易情况应当向社会公开。"

根据财政部于2006年颁布的《企业会计准则第36号——关联方披露》的规定,在企业财务和经营决策中,如果一方控制、共同控制另一方或对另一方施加重大影响,以及两方或两方以上同受一方控制、共同控制或重大影响的，构成关联方。凡以上关联方之间发生转移资源或义务的事项，不论是否收取价款，均被视为关联交易。在市场经济条件下，从有利的方面讲，交易双方因存在关联关系，可以节约大量商业谈判等方面的交易成本，并可运用行政的力量保证商业合同的优先执行，从而提高交易效率；从不利的方面讲，由于关联交易方可以运用行政力量撮合交易的进行，从而有可能使交易的价格、方式等在非竞争的条件下出现不公正情况，形成对慈善组织或者其他权利人权益的侵犯。由此可见，关联交易原本是企业经营领域的概念，慈善法之所以引入此概念，并对有关交易行为加以规范，是因为从某种意义上来说，慈善组织与其发起人、主要捐赠人以及管理人等之间也存在类似的控制或重大影响的关联关系，也可能发生类似的关联交易。

慈善法所说的关联交易，是指慈善组织与在本组织直接或间接占有权益、存在利害关系的关联方之间所进行的交易。关联方包括自然人、法人和非法人组织，主要是慈善组织的发起人、主要捐赠人及行政管理人员等。慈善组织的发起人、主要捐赠人以及管理人员与慈善组织发生的交易行为，一般包括以下几种类型：（1）购买或销售商品；（2）购买或销售除商品外的其他资产，如设备、建筑物等；（3）提供或接受劳务；（4）担保，如贷款担保；（5）提供资金，如以现金或实物形式提供贷款或股权投资；（6）租赁；(7) 代理，如代理销售货物或代理签订合同等；(8) 研究与开发项目的转移；(9) 代表企业或由企业代表另一方进行债务结算；(10) 支付关键管理人薪酬。在实际工作中，前三类关联交易是发生频率最高的，也是应当重点关注的情形。

需要注意的是，慈善法并未禁止关联交易，而是要求慈善组织的关联方不得利用其关联关系，损害慈善组织、受益人的利益和社会公共利益。这是基于慈善组织与关联方的交易也有可能是有利于慈善组织发展和社会公共利益的，不应当一律禁止。但是，从保障各方利益的角度出发，慈善法也作了两条防范性规定：一是当慈善组织的发起人、主要捐赠人以及管理人员与慈善组织发生交易行为时，由于他们在慈善组织进行决策时可能会对其他人员的决策产生重要影响，为避免他们通过影响其他人员决策而使其个人获益，从而确保决策的客观公正，要求其不得参与慈善组织有关该交易行为的决策。二是要求有关交易情况应当向社会公开，通过社会公众来监督交易是否符合慈善组织、受益人利益和社会公共利益，这也是与《企业会计准则第36号——关联方披露》的精神相一致的，即将关联交易的信息披露放在十分重要的位置。如果社会公众发现慈善组织关联交易有违法情形的，可以向民政部门、其他有关部门或者慈善行业组织投诉、举报。

慈善组织违法进行关联交易的，要承担法律责任。根据慈善法第一百一十条的规定，慈善组织违反第十四条关联交易规定，造成慈善财产损失的，由县级以上人民政府民政部门责令限期改正，予以警告，并没收违法所得；逾期不改正的，责令限期停止活动并进行整改。经依法处理后一年内再出现前款规定的情形，或者有其他情节严重情形的，由县级以上人民政府民政部门吊销登记证书并予以公告。需要说明的是，发起人、主要捐赠人以及管理人员向慈善组织进行捐赠不属于关联交易。

在实际工作中，慈善组织需要注意以下几点：一是接受理事、理事来源单位的捐赠是关联交易。慈善组织的理事是主要捐赠人，或者是主要捐赠单位的负责人，部分不具有公开募捐资格的基金会如私人财产发起的基金会、企业发起的基金会此类情形较为多见；二是购买理事、监事及其来源单位、主要捐赠人的产品和服务属于关联交易，但要注意和主要捐赠人的捐赠目的有所区别，在关联方采购产品和服务时，一定要履行有关程序并保证公允价值；三是支付理事、分支（代表）机构负责人薪酬属于关联交易，监事一般不能领取薪酬，非专职理事不能领取薪酬，专职理事领取薪酬也受到比例限制。

21. 哪些人不得担任慈善组织负责人？

慈善组织负责人是指在慈善组织中担任秘书长以上职务的人员，具体包括在基金会中担任理事长、副理事长、秘书长，社会团体中担任理事长（会长）、副理事长（副会长）、秘书长，社会服务机构中担任理事长、副理事长、执行机构负责人（院长或校长、所长、主任）等职务的人员。慈善组织具有较强的公益性、公共性和非营利性，应当具备一定的社会公信力。负责人作为慈善组织日常事务的决策者或执行者，也应当具备良好的个人信誉和相应的工作能力，其基本素质和能力将直接影响到慈善组织的健康发展，影响到慈善活动参与人及公共利益的实现。

慈善事业本身就是一项献爱心的高尚事业，需要有高尚道德情操的人来做。因此，对慈善组织管理者和其他从业人员理应有较高的道德修养方面的要求。慈善法第十六条对慈善组织负责人的任职资格作了排除性规定，有下列情形之一的，不得担任慈善组织的负责人：

（1）无民事行为能力或者限制行为能力。民事行为能力是指能够以自己的行为依法行使权利、承担义务，从而使法律行为发生、变更或消灭的资格。慈善组织作为独立的法人主体，其负责人应当具备完全民事行为能力，以保障慈善组织的权益和开展正常的慈善活动。因此，无民事行为能力人或者限制民事行为能力人，不得担任慈善组织的负责人。

（2）因故意犯罪被判处刑罚，自刑罚执行完毕之日起未逾五年。这是因为因故意犯罪被判处刑罚的人，其违法行为达到了触犯刑律、受到刑罚处罚的严重程度，且其犯罪行为具有主观上的故意，也就是具有主观恶性，其信誉无法得到保障，所以，在一定期间内不得担任慈善组织的负责人。需要指出的是，因过失犯罪被判处刑罚的人不受此限。这主要是考虑到故意犯罪和过失犯罪在主观意识上具有本质区别。

（3）在被吊销登记证书或者被取缔的组织担任负责人，自该组织被吊销登记证书或者被取缔之日起未逾五年。这是因为担任过被吊销登记证书或者被取缔的组织负责人的人，对该组织被吊销登记证书或者被取缔负有个人责任，其再次担任慈善组织负责人的能力及个人信誉会受到质疑。因此，这类人在一定时期内，也不得担任慈善组织的负责人。

（4）法律、行政法规规定的其他情形。这里主要是指在慈善法之外，其他法律、行政法规对基金会、社会团体、社会服务机构等非营利组织负责人的任职上的限制性规定。例如，《基金会管理条例》第二十三条第一款规定："基金会理事长、副理事长和秘书长不得由现职国家工作人员兼任。基金会的法定代表人，不得同时担任其他组织的法定代表人。公募基金会和原始基金来自中国内地的非公募基金会的法定代表人，应当由内地居民担任。"《社会团体登记管理条例》第十二条第三款规定："社会团体的法定代表人，不得同时担任其他社会团体的法定代表人。"另外，也有在某一特殊领域，相关法律、行政法规对慈善组织负责人的特殊任职规定等。

22. 慈善组织在哪些情形下应当终止？

慈善法第十七条规定："慈善组织有下列情形之一的，应当终止：（一）出现章程规定的终止情形的；（二）因分立、合并需要终止的；（三）连续二年未从事慈善活动的；（四）依法被撤销登记或者吊销登记证书的；（五）法律、行政法规规定应当终止的其他情形。"

慈善组织终止，是指慈善组织根据法定程序彻底结束慈善活动并使慈善组织的法人资格归于消灭的事实状态和法律结果。根据慈善法第十七条规定，慈善组织终止的法定条件有五种：

（1）出现章程规定的终止情形。章程是慈善组织的根本性规章制度，是慈善组织赖以存续和运作的"根本大法"。如果慈善组织在章程中规定了终止条件，而且这种终止条件已经出现的，就应当终止。例如，某基金会在章程中规定自己的宗旨是进行一项为期10年的公益资助。在基金会设立并开展公益资助满10年后，就达到了基金会的终止条件。再如，某慈善组织在章程中规定自己的宗旨是对患有某种特殊疾病的人士实施救助，当某种特定疾病被彻底消除，再没有患该病的人后，就达到了该慈善组织的终止条件。

（2）因分立、合并需要终止。慈善组织分立是指原有的一个慈善组织分成两个或两个以上独立慈善组织的法律行为，可分为存续分立和解散分立两种形式。存续分立是指一个慈善组织分立成两个以上慈善组织，本慈善组织继续存在并设立一个以上新的慈善组织；解散分立是指一个慈善组织因解散而不再存续，同时设立两个以上新的慈善组织的情况。在解散分立的情形下，就出现了需要慈善组织终止的情形。慈善组织合并是指两个或两个以上慈善组织共同组成一个慈善组织的法律行为，包括吸收合并和新设合并两种形式。吸收合并是指将一个或一个以上的慈善组织并入另一个慈善组织，并入的慈善组织需要终止，其法人资格消失，接受合并的慈善组织继续存在。新设合并是指两个或两个以上的慈善组织以终止各自的法人资格为前提而合并组成一个新的慈善组织，在这种情形下，原有慈善组织均需要终止。

（3）连续两年未从事慈善活动。慈善组织是以开展慈善活动为宗旨的非营利性组织，善款应当被合理使用，实现捐赠人期望的目的，而不是躺在慈善组织的账户中"睡觉"，这也正是慈善法要规定慈善组织的年度支出比例的原因。如果慈善组织连续两年没有按照章程规定的宗旨从事慈善活动，慈善组织也就失去了存在的意义，因而应当终止。

（4）依法被撤销登记或者吊销登记证书。撤销登记和吊销登记证书，是登记管理机关在社会组织监督管理实践中常见的行政行为。撤销登记是行政管理机关依据行政许可法的规定，对已作出的行政许可的撤回或者撤销，其法律后果是社会组织已经取得的行政许可被撤回或者撤销，法人主体资格也随之被消灭。吊销登记证书属于行政处罚措施，实施这种行政处罚的原因是依法成立的社会组织存在比较严重的违法行为，其后果是丧失已经获得的登记证书，依法进行清算后终止。

（5）法律、行政法规规定应当终止的其他情形。这是慈善组织终止情形的兜底条款，除慈善法规定的上述四个方面的法定情形外，其他法律、行政法规规定慈善组织终止条件的，如不可抗力、战时动员、特殊法令等，也将导致慈善组织终止的法律后果。

23. 慈善组织终止清算应当遵循哪些要求？

清算是终结慈善组织的法律关系、消灭慈善组织法人资格的程序。慈善法第十八条分四款对慈善组织的终止清算作了规定："慈善组织终止，应当进行清算。""慈善组织的决策机构应当在本法第十七条规定的终止情形出现之日起三十日内成立清算组进行清算，并向社会公告。不成立清算组或者清算组不履行职责的，办理其登记的民政部门可以申请人民法院指定有关人员组成清算组进行清算。""慈善组织清算后的剩余财产，应当按照慈善组织章程的规定转给宗旨相同或者相近的慈善组织；章程未规定的，由办理其登记的民政部门主持转给宗旨相同或者相近的慈善组织，并向社会公告。""慈善组织清算结束后，应当向办理其登记的民政部门办理注销登记，并由民政部门向社会公告。"根据此条规定，慈善组织终止清算应当遵循以下要求：

第一，清算程序的启动时间是法定终止情形出现之日起三十日内。慈善法第十七条规定了慈善组织应当终止的五种情形，即出现章程规定的终止情形的，因分立、合并需要终止的，连续两年未从事慈善活动的，依法被撤销登记或者吊销登记证书的，法律、行政法规规定应当终止的其他情形。慈善组织出现上述任一情形之日起三十日内，应当主动启动终止清算程序，并向社会公告。不主动启动清算程序的，办理其登记的民政部门可以申请人民法院指定有关人员启动清算程序。

第二，清算的主体为清算组。清算组由慈善组织的决策机构（一般为慈善组织的理事会、常务理事会、会员大会或会员代表大会等）成立。如果慈善组织的决策机构不成立清算组或者清算组不履行职责的，办理其登记的民政部门可以申请人民法院指定有关人员组成清算组。

第三，清算组成立后，慈善组织原来的决策机构和其他机构即丧失权力，由清算组取而代之。清算中，慈善组织不能开展清算以外的活动。清算组的职责是清理慈善组织财产、通知或公告债权人、处理慈善组织未了结的业务、清缴所欠税款、清理债权债务、处理慈善组织清偿债务后的剩余财产、代表慈善组织参与民事诉讼活动等。

第四，慈善组织清算后的剩余财产，按照慈善组织章程的规定处理；章程未规定的，由办理其登记的民政部门主持转给宗旨相同或者相近的慈善组织，并向社会公告。这是由慈善组织的性质和活动特点决定的。慈善组织的财产来源于自然人、法人或者非法人组织的捐赠，并应当按照章程规定的宗旨和慈善活动的业务范围将财产用于慈善目的。同时慈善法还规定，慈善组织的财产应当根据章程和捐赠协议全部用于慈善目的，不得在发起人、捐赠人以及慈善组织成员中分配。任何组织和个人不得私分、挪用或者侵占慈善财产。因此，慈善组织剩余财产的用途不能因终止清算而改变，而是应当在登记管理机关监督下，按照原慈善组织章程的规定用于慈善目的。如果章程未作规定或者无法按其规定操作的，则同样应当遵循不改变慈善组织财产用于慈善目的的原则，由登记管理机关主持转赠给与原慈善组织性质、宗旨相同或者相近的慈善组织，并将有关情况向社会公告。

第五，慈善组织清算结束后，应当办理注销登记，并由民政部门向社会公告。根据《基金会管理条例》《社会团体登记管理条例》《民办非企业单位登记管理暂行条例》的规定，慈善组织应当自清算结束之日起十五日内向登记管理机关办理注销登记。登记管理机关准予注销登记的，发给注销证明文件，收缴登记证书、印章和财务凭证。

24. 慈善组织从事、资助危害国家安全和社会公共利益的活动应承担什么责任？

慈善法第十五条规定："慈善组织不得从事、资助危害国家安全和社会公共利益的活动，不得接受附加违反法律法规和违背社会公德条件的捐赠，不得对受益人附加违反法律法规和违背社会公德的条件。"

慈善组织是一种特定形式的社会公益组织，慈善组织活动的领域很广泛，涉及社会生活的许多方面，并且有众多的公民、法人和非法人组织参与到慈善组织所倡导和开展的慈善活动当中。因此，慈善组织对社会生活的影响是十分广泛和深刻的。过去的经验和教训都表明，有的慈善组织很容易被一些别有用心的人利用而从事违法活动。例如，有的利用慈善组织从事非法的经济活动，作为逃税的工具；有的利用慈善组织的名义，虚构事实或者隐瞒真相，骗取公私财物；有的甚至为危害国家统一、煽动民族矛盾、危害国家安全的行为作组织和经济掩护。为此，慈善法第一百零九条规定，慈善组织接受附加违反法律法规或者违背社会公德条件的捐赠，或者对受益人附加违反法律法规或者违背社会公德的条件的，由县级以上人民政府民政部门责令限期改正，予以警告或者责令限期停止活动，并没收违法所得；情节严重的，吊销登记证书并予以公告。第一百一十七条规定："慈善组织从事、资助危害国家安全或者社会公共利益活动的，由有关机关依法查处，由县级以上人民政府民政部门吊销登记证书并予以公告。"第一百二十一条规定："违反本法规定，构成违反治安管理行为的，由公安机关依法给予治安管理处罚；构成犯罪的，依法追究刑事责任。"

根据上述规定，慈善组织从事、资助危害国家安全和社会公共利益的活动，应当根据其违法违规的具体情节，承担相应的行政责任和刑事责任。这里的行政责任，主要是指慈善组织违反有关行政管理法律法规的规定，但尚未构成犯罪的行为所应当承担的法律后果，包括责令限期改正，予以警告或者责令限期停止活动并没收违法所得，吊销登记证书等。责令限期改正适用于情节较轻的违法行为，可以通过改正措施纠正违法行为，消除不良影响。吊销登记证书是一种严厉的行政处罚措施，实施这种行政处罚措施的原因是依法成立的慈善组织具有较为严重的违法行为，其后果是丧失曾获批准从事慈善活动的权利。

刑事责任是一种最严厉的法律责任，只有触犯了刑法的犯罪行为才会承担刑事责任。慈善组织从事、资助危害国家安全或者社会公共利益的活动，构成犯罪的，需要承担相应的刑事责任。从承担的罪名来看，按照罪刑法定原则，对慈善组织的定罪必须以触犯刑法的有关规定为限。犯有危害国家安全罪的，按照刑法分则第一章危害国家安全罪的规定处罚。而危害社会公共利益的含义较为广泛，涉及刑法分则的第二章危害公共安全罪、第三章破坏社会主义市场经济秩序罪、第五章侵犯财产罪、第六章妨害社会管理秩序罪等章节。对于具体案件，需要结合慈善组织触犯的具体罪名而定。

25. 什么是慈善行业组织，其职责是什么？

慈善法第十九条分两款对慈善行业组织的成立及其职责作了原则性规定："慈善组织依法成立行业组织。""慈善行业组织应当反映行业诉求，推动行业交流，提高慈善行业公信力，促进慈善事业发展。"同时，在其他条款中对慈善行业组织相关职责作了具体规定。

慈善行业组织是指由慈善领域的组织或个人组成，通过沟通慈善组织、慈善从业者与政府的关系，协调慈善行业的利益，规范慈善行为，提供慈善行业服务，反映慈善行业诉求，保护和增进全体成员合法权益的非营利性社会组织。

慈善行业组织的主要特征有：（1）公共性。与其他行业协会一样，慈善行业组织成立的宗旨是为从事慈善事业的会员提供服务，以维护会员的利益为基本出发点，但是由于慈善行业组织的会员一般是慈善组织和其他慈善活动参与主体，因此，慈善行业组织维护会员利益带有较强的非营利性和公共性。（2）自治性。即慈善行业组织应当是经过正式登记注册的社会团体，是由会员组成的独立的法人主体，不从属或隶属于任何组织和个人。（3）中介性。慈善行业组织可以作为政府与慈善组织、慈善事业参与者之间的重要桥梁和纽带，在促进慈善事业发展中具有"传送带"和"上挂下联"的重要功能。（4）民间性。慈善行业组织由慈善领域的组织或个人自发、自愿组成，是在慈善事业一定范围内的自律性组织，除非经过法律或政府授权、委托，不具有公共权力。2013年4月19日，中国慈善联合会正式成立。中国慈善联合会是由国务院批准、民政登记注册，由致力于中国慈善事业的社会组织、企事业单位等有关机构和个人自愿结成的联合性、枢纽型、全国性社会组织，具有社会团体法人资格。

关于慈善行业组织的职责，慈善法第十九条第二款规定，慈善行业组织应当反映行业诉求，推动行业交流，提高慈善行业公信力，促进慈善事业发展；同时，在第一百零七条还规定，慈善行业组织应当建立健全行业规范，加强行业自律；第一百零八条规定，慈善行业组织应当受理并及时调查处理对慈善组织、慈善信托违法行为的投诉。在地方层面，行业组织有三种情况：一是成立慈善联合会并独立开展活动，如陕西、贵州、广州、成都、深圳等，一般以慈善联合会、公益慈善联合会等命名；二是成立慈善联合会与地方慈善总会合署办公，如北京、宁波等；三是地方慈善总会更名为慈善联合总会，承担起行业组织职能，如河南、四川等。虽然成立时间、发挥作用各不相同，但基本都履行了慈善法规定的职责，取得了较好的行业效果。

慈善行业组织应承担的职责主要有：

（1）反映行业诉求。慈善行业组织应当代表会员组织和个人，代表慈善事业发展力量，向政府和社会表达会员和慈善行业的诉求，维护慈善组织和其他慈善活动参与主体的合法权益，对公共政策产生影响。

（2）提供慈善服务。慈善行业组织应当积极为会员提供信息交流、教育培训、调查统计、政策咨询等服务，促进行业交流和健康发展，同时也可以接受委托或者购买服务，向政府和社会提供相应的服务。

（3）规范会员行为。慈善行业组织应当建立健全行业规范，通过完善组织章程和行规行约，在会员和行业中开展行风建设和监督，从而加强慈善行业自律，引导会员规范行为，遵纪守法。

（4）调查处理投诉、举报。根据慈善法第一百零八条的规定，任何单位和个人发现慈善组织、慈善信托有违法行为的，可以向慈善行业组织（或者其他有关部门）投诉、举报，慈善行业组织接到投诉、举报后，应当及时调查处理。在实践中，慈善行业组织要积极配合民政部门或者政府其他有关部门调查处理慈善领域中涉嫌违法的事件。

除上述职责外，随着行政改革的推进和政府职能进一步转变，慈善行业组织可以受民政部门委托或者授权，协助做一些其他方面的与慈善有关的工作。

慈 善 募 捐

26. 什么是慈善募捐?

慈善募捐是慈善组织筹集善款的重要手段,是慈善组织赖以生存、慈善事业持续发展的基础。改革开放以来特别是2008年四川汶川特大地震、2010年青海玉树地震发生后,极大地激发了全社会的捐赠热情,慈善募捐也得到了较快发展。慈善法第二十一条规定:"本法所称慈善募捐,是指慈善组织基于慈善宗旨募集财产的活动。慈善募捐,包括面向社会公众的公开募捐和面向特定对象的定向募捐。"理解慈善募捐,应当把握以下两点。

一是慈善募捐的主体是慈善组织。慈善法第二条规定:"自然人、法人和非法人组织开展慈善活动以及与慈善有关的活动,适用本法。其他法律有特别规定的,依照其规定。"这意味着,慈善组织以外的自然人、法人和非法人组织,都可以开展慈善活动,为何却将慈善募捐的主体资格限制在慈善组织呢?一般而言,做慈善有两种形态:一种是"用自己的钱做慈善",如某人定期向希望小学捐赠财产,某个组织每天向流浪人员施粥等,一般不会出现问题,也不是本法规范的重点;另一种是"用别人的钱做慈善",向他人募集财产后用于慈善,这就是慈善组织的主要运作方式,这个过程容易出现侵占善款等一系列问题,也正是监管机构监管的重点。慈善组织是依法成立,以开展慈善活动为宗旨的非营利组织,民政部门通过年报、调查违法行为、现场检查、信用记录制度等多种手段对慈善组织包括募捐行为在内的各种行为进行监督管理。而慈善组织以外的自然人、法人和非法人组织,因其不以慈善为活动宗旨,脱离了民政部门的监管范围,募集到的财产如何使用,难以受到有效监管,不利于保护捐赠人的合法权益。因此,本法将慈善募捐的主体限于慈善组织,个人、企业不得自行开展慈善募捐。

二是募捐行为是基于慈善宗旨。慈善组织以开展慈善活动为唯一宗旨,其开展募捐行为也应当是基于慈善宗旨,这是慈善募捐区别于个人求助、商业众筹等其他募捐行为的重要特征。慈善宗旨,是指慈善款物的使用应当符合慈善法第三条的规定:(1)扶贫、济困;(2)扶老、救孤、恤病、助残、优抚;(3)救助自然灾害、事故灾难和公共卫生事件等突发事件造成的损害;(4)促进教育、科学、文化、卫生、体育等事业的发展；（5）防治污染和其他公害，保护和改善生态环境；（6）符合本法规定的其他公益活动。

根据募集财产的对象不同，慈善法将慈善募捐分为面向社会公众的公开募捐和面向特定对象的定向募捐。区分这两种募捐形式的意义在于，定向募捐类似证券投资基金中的私募，对象特定；公开募捐面向不特定的社会公众，影响范围广，要求发起公开募捐活动的慈善组织有较高的公信力，因此慈善法对赋予慈善组织公开募捐资格规定了较为严格的条件。

慈善组织可否为确实遇到了自身难以克服的困难、需要社会帮助的特定个人募捐？这是慈善法公布以来业界比较关心而又有争议的问题。慈善组织是以面向社会公众开展慈善活动为宗旨的非营利组织，通常情况下，其开展慈善活动的受益人不应是特定的某一个人。但是，如果某个慈善组织是以扶贫、济困、恤病、助医等为宗旨，当它得知一个贫困家庭的儿童患了白血病无钱医治、正向社会求助，该慈善组织就不能以此为由发起募捐、给这个孩子以帮助吗？我们认为要具体情况具体分析。正确认识这一问题，关键是要正确理解慈善法第三条中的"公益"二字。"公益"，简言之，就是"公共利益"，这是一般性的概念。慈善法第三条所列六项慈善活动，都是符合社会公共利益的,而慈善组织开展这些活动又都是具体的。以扶贫济困为例,每次活动的受益者都是一个个活生生的个人或者家庭,只要这些个人或家庭不是慈善组织刻意指定或者预先内定的,而是慈善组织宗旨所涵盖的服务群体中的个体,就是符合社会公共利益的,就是慈善活动。慈善立法的重要理念就是开放、务实,实事求是,我们也要以这种理念来理解慈善法,贯彻慈善法。当然,慈善组织在这种情况下开展募捐和救助,也要遵循慈善法的相关规定:一是要核实情况真伪,是否符合本组织的救助条件;二是要制订并公示募捐方案;三是要履行信息公开义务;四是剩余财产要按照"近似原则"处理;等等。

27. 个人求助与慈善募捐是一回事吗?

2023年慈善法修改新增了一条,有效地规范了个人求助。

一些人将慈善法禁止不具有公开募捐资格的慈善组织或者个人开展慈善募捐,误解为禁止个人求助,是因为没有把握个人求助与慈善募捐的本质区别,没有准确理解慈善募捐的含义。根据慈善法第二十一条的规定,慈善募捐是指慈善组织基于慈善宗旨募集财产的活动;而个人求助,通俗地讲,是指某个自然人为了解决自己或者家庭的困难,请求社会公众给予帮助。个人求助与慈善募捐至少存在四点不同：

一是主体不同。个人求助的主体是自然人，乞丐在街道上乞讨、网友发帖寻求帮助等，都属于个人求助。慈善募捐的主体是慈善组织，根据慈善法规定，只有慈善组织才能组织发起慈善募捐。

二是目的不同。个人求助的目的是解决自身或者家庭存在的困难，如患有重大疾病、家庭经济困难、失业、求学等，法律法规对此没有作出限制性规定。慈善募捐只能基于慈善宗旨，也就是说必须符合慈善法第三条的规定。

三是法律关系不同。个人求助主要产生民事法律关系，适用民事法律中有关赠与人与受赠人的规定，一旦发生纠纷，承担的主要是民事法律责任。慈善募捐不仅涉及捐赠人与慈善组织之间的民事法律关系，还涉及行政机关与慈善组织之间的行政法律关系，根据慈善法有关规定，民政、财税部门等依照职权可以对募捐行为进行监管。

四是剩余财产的处理不同。在个人求助中，赠与人将财产赠与受赠人后，财产的所有权也就随之转移给受赠人，如果双方没有签订书面协议约定赠与财产的用途，剩余财产如何处理，一直是实践中争议很大的问题，学者对此意见也不统一，目前还没有稳妥的处理办法。而在慈善募捐中，慈善法第五十八条明确规定，慈善项目终止后捐赠财产有剩余的，按照募捐方案或者捐赠协议处理；募捐方案未规定或者捐赠协议未约定的，慈善组织应当将剩余财产用于目的相同或者相近的其他慈善项目，并向社会公开。

综合以上分析，不难看出，个人求助与慈善募捐存在很大不同，个人求助不属于慈善活动。所以说，慈善法并没有禁止个人求助，禁止的是不具有公开募捐资格的组织或者个人开展慈善募捐。

28. 慈善组织开展定向募捐应当遵循什么要求？

慈善法第二十九条规定："慈善组织自登记之日起可以开展定向募捐。慈善组织开展定向募捐，应当在发起人、理事会成员和会员等特定对象的范围内进行，并向募捐对象说明募捐目的、募得款物用途等事项。"根据本条规定，慈善组织开展定向募捐，应当符合以下几个方面的要求：

一是限定在特定对象范围内。公开募捐与定向募捐最大的区别就在于募捐对象是否特定。对象特定并没有数量的要求，而是指募捐对象的范围是可控的，限制在一定范围内，即慈善组织的发起人、理事会成员和会员等。

二是向募捐对象说明募捐目的。每次募捐活动都应当有明确的目的，募捐目的是吸引募捐对象捐赠财物的重要依据，慈善组织应当作出详细阐释。至于募捐目的具体为何，慈善法没有限制，只要符合慈善法第三条规定以及慈善组织章程规定的慈善宗旨即可。

三是向募捐对象说明募得款物用途等。定向募捐结束后，慈善组织有义务及时向募捐对象公开相应信息，包括但不限于募捐情况、募得款物用途、慈善项目开展情况、项目评估情况等。慈善组织没有及时向募捐对象公开这些信息的，募捐对象有权利要求其作出说明。

四是不得采取或者变相采取公开募捐的方式。慈善法第三十条对此作了明确规定，以防假借定向募捐之名行公开募捐之实，扰乱募捐秩序。

29. 学校发起设立的基金会和校友会，可以直接向校友发起募捐吗？

学校发起设立的基金会，如某某大学教育基金会，其登记注册的性质为非公募基金会，按照慈善法第二十九条的规定，是不能向未担任理事之外的校友发起公开募捐的，部分高校设立的校友会，虽然是以社会团体形式登记注册，但一般不是慈善组织，不具有公开募捐资格，也不能向校友直接开展募捐。

从现实情况来看，有些高校基金会，为了增强校友凝聚力，筹集学校所需资金，通过其官方网站、微信公众号，甚至开通筹款平台系统等方式发布募捐倡议、发布其项目需求并公布募捐账号,这种情形违反了慈善法、《慈善组织公开募捐管理办法》。正确的做法是:与具有公开募捐资格的慈善组织签订协议,以具有公开募捐资格的慈善组织为主体,联合向校友群体开展募捐,如很多高校基金会与中国教育发展基金会等公募组织合作;通过互联网向校友募捐的,应通过具有公开募捐资格的慈善组织在指定的互联网募捐服务平台上发布项目。

30. 慈善组织如何取得公开募捐资格?

在慈善法起草过程中,什么样的慈善组织可以公开募捐,一直是争议较大的问题之一。慈善法通过前,仅红十字会法规定红十字会为开展救助工作,可以进行募捐活动,《基金会管理条例》规定公募基金会可以面向公众募捐,尚没有一部法律法规统一规范各类社会团体、基金会、民办非企业单位等非营利组织的募捐行为。各地进行了一定的探索,做法也不一致,差别很大,如江苏、湖南、长沙等地方采许可制,规定公益性社会团体和非营利事业单位开展慈善募捐活动,必须事先取得慈善募捐活动许可证。上海、宁波等地方采备案制,规定募捐组织开展募捐活动,应当制订募捐方案,并在募捐活动开始前向募捐活动所在地的民政部门办理备案手续。广州等地方采许可兼备案制，规定红十字会、慈善会和公募基金会应当在募捐活动开始前将募捐方案报送民政部门备案，其他公益性社会团体、民办非企业单位和非营利的事业单位开展募捐活动，应当向民政部门申请募捐许可。学者建议稿在这一问题上意见也不一致，如有的学者建议稿采备案制，有的学者建议稿则采许可制。

起草组对这一问题进行了深入调研，听取了包括地方人大、民政部门、部分慈善组织和全国人大代表的意见。实践中，基金会等慈善组织募捐行为不规范，利用慈善名义敛财、挪用或转移募得款物，违规关联交易，虚列公益支出，向捐赠人提供捐赠回扣等违法违规行为屡见不鲜，我国目前慈善组织数量不少，但良莠不齐，运作规范、具有较高社会公信力的慈善组织还不多，采取许可制更符合我国国情。具体而言，根据慈善法第二十二条的规定，慈善组织要想取得公开募捐资格，主要有两种途径：

一是申请公开募捐资格。慈善法第二十二条第一款规定："慈善组织开展公开募捐，应当取得公开募捐资格。依法登记满一年的慈善组织，可以向办理其登记的民政部门申请公开募捐资格。民政部门应当自受理申请之日起二十日内作出决定。慈善组织符合内部治理结构健全、运作规范的条件的，发给公开募捐资格证书；不符合条件的，不发给公开募捐资格证书并书面说明理由。"根据这一规定，慈善组织开展公开募捐，必须事先取得公开募捐资格，取得这一资格需要满足以下三个条件：

（1）依法登记满一年。新修改的慈善法将慈善组织申请公开募捐资格的期限从两年调整为一年，降低了获得公开募捐资格的门槛。成立满一年的不具有公开募捐资格的慈善组织，可以依据新修改的慈善法，积极申请公开募捐资格，以便更好地募集社会慈善资源，为组织的长期可持续发展提供新动力。慈善法设定一年过渡期，在一年之内，主要是考虑，公开募捐相比定向募捐，要求慈善组织的信誉度更高，一旦发生违法募捐行为，影响的范围更广。在一年的过渡期里，民政部门和社会公众可以对慈善组织的内部运作、慈善项目的开展情况等进行考察。

（2）内部治理结构健全、运作规范。慈善法规定，只有内部治理结构健全、运作规范的慈善组织，在经过一年的过渡期后才能申请取得公开募捐资格。慈善组织应当切实加强自我管理，要建立健全内部治理结构，完善决策、执行、监督制度和决策机构议事规则，加强内部控制和审计，确保人员、财产、慈善活动依法依规有序运作，执行国家统一的会计制度，依法进行会计核算，建立健全会计监督制度，并接受政府有关部门的监督管理。涉及关联交易的，决策程序应当公开透明，确保没有利用关联关系损害慈善组织、受益人的利益和社会公共利益。确保没有因违反慈善法以及相关法律法规受到行政处罚。

（3）向民政部门提出申请。公开募捐资格不是自动获得的，应当由慈善组织向办理其登记的民政部门提出申请。慈善法颁布实施后，我国慈善组织数量有了较大幅度的增长，民政部门难以在众多慈善组织中主动认定哪些慈善组织符合发给公开募捐资格证书的条件，而且有些慈善组织可能认为定向募捐已经完全满足其日常运作需要，对申请公开募捐资格证书并不热衷。民政部门在受理慈善组织的申请后，应当在二十日内作出决定，符合条件的，发给公开募捐资格证书，不符合条件的，不发并书面说明理由。

2016年8月，民政部公布《慈善组织公开募捐管理办法》，对慈善组织申请公开募捐资格的条件、材料和程序作了明确规定，如理事会成员来自同一组织以及相互间存在关联关系组织的不超过1/3，相互间具有近亲属关系的没有同时在理事会任职；秘书长为专职，理事长（会长）、秘书长不得由同一人兼任；在省级以上人民政府民政部门登记的慈善组织有3名以上监事组成的监事会；按照规定参加社会组织评估，评估结果为3A及以上；申请时未纳入异常名录等，并要求慈善组织提供注册会计师出具的财务审计报告，包括年度慈善活动支出和年度管理费用的专项审计，经业务主管单位同意的证明材料等，并对互联网公开募捐、公开募捐备案，急难救助公开募捐等作了较为明确的规定。

二是直接赋予公开募捐资格。新修改的慈善法第二十二条第二款规定："其他法律、行政法规规定可以公开募捐的非营利性组织，由县级以上人民政府民政部门直接发给公开募捐资格证书。"这里的"非营利性组织"，既包括法律、行政法规规定自登记之日起可以公开募捐的基金会和社会团体，也包括免于登记的非营利性组织，如红十字会、中国宋庆龄基金会等。慈善法颁布实施之前，这些组织根据法律和行政法规的规定已经在开展公开募捐活动，为了不影响这些组织在慈善法颁布实施之后继续开展募捐活动，特别规定由民政部门直接发给公开募捐资格证书。

2017年9月，民政部、中国红十字会发布《关于红十字会开展公开募捐有关问题的通知》，明确要求，红十字会开展公开募捐，应当向同级民政部门申领公开募捐资格证书，民政部门直接向红十字会发放公开募捐资格证书；红十字会开展公开募捐活动前，应当依法制订募捐方案，并按照有关规定报同级民政部门备案；红十字会通过互联网开展公开募捐活动，应当在民政部统一或者指定的信息平台发布募捐信息；红十字会应当定期在民政部统一的信息平台发布公开募捐情况以及募得资金使用情况，每年向同级民政部门报送社会捐赠及其使用情况并及时向社会公开。

可见，红十字会虽然不是慈善组织，但可以依法开展公开募捐，并接受民政部门的监督管理，按要求进行公开募捐备案，发布募捐信息，并在"慈善中国"上进行信息公开。

31. 开展公开募捐可以采取哪些方式？

慈善法第二十三条第一款规定："开展公开募捐，可以采取下列方式：（一）在公共场所设置募捐箱；（二）举办面向社会公众的义演、义赛、义卖、义展、义拍、慈善晚会等；（三）通过广播、电视、报刊、互联网等媒体发布募捐信息；（四）其他公开募捐方式。"

根据这一规定，慈善组织开展公开募捐可以采取的方式有：

一是在公共场所设置募捐箱。在银行、商场、超市等地方设置固定募捐箱，或者在公园、市政广场等人流量较为密集的公共场所设置流动募捐箱，都是较为常见的募捐方式。需要注意的是，在公共场所设置募捐箱，除了需要事先取得公开募捐资格证书，还需要取得公共场所管理者的同意和城市市容市政等部门的许可。

二是举办义演、义赛、义卖、义展、义拍、慈善晚会等。义演、义赛、义卖、义展、义拍，是指慈善组织通过组织表演、比赛、买卖、展览、拍卖会等活动，扣除合理成本后的全部收入，即为募捐所得。慈善晚会，是指慈善组织通过邀请不特定多数人参加晚会的形式，向参加者募集财产的活动。这些形式已经广泛运用在募捐活动中，并且取得了很好的效果，既宣传了慈善理念，又收获了爱心。

三是通过广播、电视、报刊、互联网等媒体发布募捐信息。慈善组织开展公开募捐的效果如何，关键要看募捐信息的传播速度和范围，当前，通过广播、电视、报刊、互联网等媒体发布募捐信息已经屡见不鲜了，其能够使更多的人知悉募捐活动，慈善法肯定了这些做法。

四是其他公开募捐方式。上述三种募捐方式并没有穷尽目前慈善组织能够采用的所有方式，生活中比较常见的还有上门募捐、电话募捐、短信募捐等。而且随着信息技术的不断发展，出现新的信息传播途径，募捐方式也必将不断创新，慈善法无法一一穷尽，也没有必要因此频繁地修改慈善法。所以，这一规定为今后募捐方式的创新和发展留下了空间。

慈善法第二十三条第二款同时规定："慈善组织采取前款第一项、第二项规定的方式开展公开募捐的，应当在办理其登记的民政部门管辖区域内进行，确有必要在其登记的民政部门管辖区域外进行的，应当报其开展募捐活动所在地的县级以上人民政府民政部门备案。捐赠人的捐赠行为不受地域限制。"原则上，慈善组织采取前述第一种、第二种方式公开募捐的,应当在办理其登记的民政部门管辖区域内进行,当前我国慈善组织管理制度仍然采用分级属地管辖,这样规定主要是与我国慈善组织管理制度相适应,便于登记地民政部门监督管理。同时,考虑到我国幅员辽阔,各地经济发展水平不平衡,相应地,各地慈善资源也严重不平衡,如果将慈善组织的募捐限制在登记地,将会导致很多中西部地区慈善组织无米下炊,但又要避免欠发达地区的慈善组织集中地到发达地区募捐,过于集中,所以,慈善法要求在办理其登记的民政部门管辖区域外进行的,应当报其开展募捐活动所在地的县级以上人民政府民政部门备案,便于当地民政部门协调和监督管理。另外,由于募捐信息的传播并不受地域限制,任何知悉募捐活动信息的人都可以捐赠,所以,慈善法特别作出规定,捐赠人的捐赠行为不受地域限制。

32. 开展公开募捐应当遵循哪些要求?

慈善组织开展公开募捐,首先,应当制订募捐方案。根据慈善法第二十四条第一款的规定,募捐方案至少应当包括以下几个方面:(1)募捐目的。募捐目的是募捐方案的核心,是捐赠人决定是否捐赠的关键因素,募捐方案中的募捐目的应当尽可能明确具体,而且必须符合慈善法第三条的规定。(2)起止时间和地域。慈善组织开展慈善服务多采用项目制,每个慈善项目都有一定的期限,相应地,公开募捐也有一定的起止时间。根据慈善法第二十三条的规定,慈善组织如果采取在公共场所设置募捐箱、举办义演等活动筹集善款,应当在募捐方案中注明开展这些活动的地域范围,以符合监管要求。(3)活动负责人姓名和办公地址。(4)接受捐赠方式、银行账户。接受捐赠方式主要有通过银行、邮局汇款捐赠,现场捐赠,网络捐赠等,应当注明不同接受捐赠方式所需要的信息,如银行账户、办公地址等。(5)受益人、募得款物用途。这里的"受益人"并非指受益人的姓名等具体信息,而是指受益人的范围和条件。(6)募捐成本。社会上不少人认为慈善组织的运行应当是零成本,慈善组织工作人员应当是低工资甚至是无偿的,这种看法是不符合实际的。和企业营销一样,募捐也是有成本的,但慈善组织在制订募捐方案时,应当合理评估,努力降低募捐成本,使更多的善款用于慈善目的。(7)剩余财产的处理。慈善项目终止后剩余财产如何处理,也是捐赠人较为关心的问题,慈善组织应当在募捐方式中明确剩余财产的处理方式,如退还捐赠人、转移至相同或者相近的其他慈善项目等。

其次,根据慈善法第二十四条第二款的规定,募捐方案应当在开展募捐活动前报办理慈善组织登记的民政部门备案。关于是否要求慈善组织将募捐方案报民政部门备案，慈善法起草过程中对这一问题进行了反复讨论和研究。有的意见认为，有些慈善组织规模较大，每年会同时开展数十个乃至上百个慈善募捐，对应不同的慈善项目，都要求报民政部门备案，会增加这些慈善组织的运作成本。有的意见认为，有些地方民政部门在理解和执行这一规定时可能将"备案"变为实质上的"许可"。也有的意见认为，民政部门负有监督管理募捐活动的职责，通过备案才能了解这些慈善组织的募捐活动，才能依法履行监督职能。综合以上意见，要求慈善组织将募捐方案报民政部门事前备案，是为了让民政部门掌握慈善组织募捐活动的具体情况，便于民政部门受理投诉举报和开展监督检查。同时，在实践操作中要杜绝将"备案"变为"许可"的做法。

再次，慈善组织开展公开募捐活动，应当履行信息公开义务。慈善法第二十五条规定："开展公开募捐，应当在募捐活动现场或者募捐活动载体的显著位置，公布募捐组织名称、公开募捐资格证书、募捐方案、联系方式、募捐信息查询方法等。"慈善组织的公信力主要来自公开透明，公开透明度不够是目前慈善行业存在的主要问题，这一规定要求慈善组织在公开募捐活动现场公开相应信息，就是要促使慈善组织履行信息公开义务，让社会公众切实了解善款将用到何处，也便于社会公众行使监督权利，一旦发现募捐活动或者善款使用与募捐方案不符，可以向民政等有关部门举报投诉。这里的"募捐信息查询方法"主要是要给社会公众一个指引，捐赠人如何才能行使慈善法第四十二条有关查询复制其捐赠财产管理使用有关资料的权利，方便捐赠人监督。

最后，在公共场所开展募捐是公开募捐行为，必须以具有公开募捐资格的慈善组织作为主体发起项目，个别企业、个人、社会组织不具有公开募捐资格，但在社区、学校公共场所开展义卖义拍、展览展示等活动并筹款，是违反慈善法的行为，严重的将会被没收所得并受到行政处罚。值得注意的是，有些企业和不具有公开募捐资格的社会组织在社区公共场所以公益为名开展旧衣回收项目，也属于公开募捐行为。不具备公开募捐资格的企业、个人、社会组织如开展此类项目，应当与具有公开募捐资格的慈善组织合作，并及时备案，谨慎、规范开展项目，确保其公益性、合规性。

33. 不具备公开募捐资格的组织和个人怎样依法开展公开募捐？

慈善法第二十六条规定，不具有公开募捐资格的组织或者个人基于慈善目的，可以与具有公开募捐资格的慈善组织合作，由该慈善组织开展公开募捐，合作方不得以任何形式自行开展公开募捐。具有公开募捐资格的慈善组织应当对合作方进行评估，依法签订书面协议，在募捐方案中载明合作方的相关信息，并对合作方的相关行为进行指导和监督。具有公开募捐资格的慈善组织负责对合作募得的款物进行管理和会计核算，将全部收支纳入其账户。

在慈善法起草过程中，考虑到没有取得公开募捐资格的慈善组织以及其他组织或者个人，确实存在出于慈善目的开展募捐的需要，因此本条特别作出规定，即"不具有公开募捐资格的组织或者个人基于慈善目的，可以与具有公开募捐资格的慈善组织合作，由该慈善组织开展公开募捐"，这样规定，既不会扰乱慈善募捐秩序，也为满足这些组织和个人的合理愿望提供了途径。

不具有公开募捐资格的组织或者个人，首先是指不具有公开募捐资格的慈善组织。这又分为两种情况，第一种是成立时间不足一年尚在过渡期的慈善组织，这类慈善组织成立时间不久，尚未建立自己的信誉，定向募捐资源可能不足，创始资金又不足以维持长期发展，亟须吸纳慈善财产。第二种是成立时间虽然超过一年，但不愿意申请取得公开募捐资格或者不符合申请条件的慈善组织，这类慈善组织为了开展慈善救助等活动，有时需要与具有公开募捐资格的慈善组织合作募集慈善财产。其次是指非慈善组织，开展慈善活动并非为慈善组织所垄断，慈善法第一百二十三条规定，慈善组织以外的其他组织可以开展力所能及的慈善活动，这些组织在开展慈善活动过程中，也可能需要向社会公众寻求帮助。最后是指个人，我们经常在网络、报刊上看到个人为他人寻求帮助的事例，这样的求助很容易发生纠纷，最典型的就是善款是否用于慈善目的以及剩余善款如何处理，有些纠纷甚至进入了司法程序。如果为他人寻求帮助的个人选择与具有公开募捐资格的慈善组织合作开展募捐，由该慈善组织对善款的募集、使用、最终处理等全过程进行监督管理，很大程度上可以避免出现这些纠纷，既满足了求助人的合理需求，又保护了捐赠人的权益与爱心。合作募捐的名义募捐人是具有公开募捐资格的慈善组织，该慈善组织应当在募捐方案中明确所募款物由谁真正使用。募得款物进入该慈善组织的账户后，由其管理，并根据合作协议的约定向合作方拨付，该慈善组织应当担负起监督管理募得款物的责任，一旦出现违法违规情形，不仅自身信誉会受到影响，也应当承担相应的法律责任。

34. 具有公开募捐资格的慈善组织如何对合作募捐进行监督管理？

近年来，随着网络慈善的兴起，各类互联网公开募捐项目备受关注,慈善资源点滴汇聚,品牌项目层出不穷。但繁荣背后亦有暗流涌动,少数社会组织和不法分子利用合作开展公开募捐的名义行私益之实,违法违规、违背公序良俗的事件时有发生,引发社会质疑,不断冲击慈善事业的社会公信力。新修改的慈善法针对目前公开募捐活动存在的问题有力地给予了回应,作出了相应规定。

一是对合作方进行评估。具有公开募捐资格的慈善组织开展公开募捐,无论是自主发起,还是与其他组织、个人合作,都必须履行主体责任,对公开募捐活动进行全过程监督。首先就是对合作方进行评估。公募组织对合作方不能"只要筹款、不问出处"。要制订合作方的遴选标准和程序,建立公开募捐合作方事前评估制度,对合作方的背景、资质、信用、能力等进行全面审核,从源头上避免别有用心的合作方借慈善图名谋利,避免公开募捐可能产生的风险。

二是签订合作协议。双方签订书面协议是对合作开展公开募捐双方权益的保护。具有公开募捐资格的慈善组织可以在协议中明确依法监管的权利、监管方式,开展公开募捐的要求、范围、时限、项目实施方案、预算、信息公开等要求,不具有公开募捐资格的合作方可以明确公募组织应提供的服务、支持、配合义务等,对双方进行约束。

三是加强过程监管。在合作过程中,具有公开募捐资格的慈善组织是承担法律责任的主体，必须对合作方进行严格监督管理。公募组织应建立、完善合作公开募捐管理制度，明确对公开募捐合作方和合作项目的监管方式。除对合作方进行尽职调查外，还应对合作方负责人信用情况、资质情况和违法违规、涉及法律诉讼情况进行跟踪监督，一旦发现问题及时依据协议终止合作；在项目监督方面，对于合作方的项目执行进度、业务活动成本、受益人情况、项目效果、依法依规情况、信息公开情况等方面进行全过程监管，同时做好项目档案，妥善留存备查。

四是严格资金管理。具有公开募捐资格的慈善组织对合作募得的款物全部收支纳入其账户管理。慈善组织应完善财务管理制度，建立公开募捐项目财务管理制度，从接收款物、募捐成本、拨付资金、善款使用情况等方面对公开募捐款物进行全链条监管，坚决防止募捐款物被挪用、滥用。

35. 慈善法对互联网募捐是如何规范的？

慈善法第二十七条第一款规定："慈善组织通过互联网开展公开募捐的，应当在国务院民政部门指定的互联网公开募捐服务平台进行，并可以同时在其网站进行。"第二十八条规定："广播、电视、报刊以及网络服务提供者、电信运营商,应当对利用其平台开展公开募捐的慈善组织的登记证书、公开募捐资格证书进行验证。"

互联网募捐是一种发展很快的新型募捐方式。近年来,随着互联网技术的普及和迅猛发展,利用网络平台开展募捐活动的组织和个人不断增多。相比设置募捐箱、举办晚会等传统募捐方式,互联网募捐具有传播快、受众面广、影响大、成本低、效率高等特点,是不少小型慈善组织开展募捐活动的首选。慈善法出台前,我国对互联网募捐还缺少相关法律法规予以规范,在互联网上发起募捐的既有具有公募资格的基金会,也有不具有公募资格的基金会以及其他"草根组织",甚至还有个人。互联网上的信息是海量的,由于信息不对称,公众难以辨别真伪,导致大量虚假、失真甚至诈骗信息混杂其中。中国青年报社会调查中心在2015年7月做过一次关于网络募捐的抽样调查显示,[①] 36.6%的被调查者对网络募捐的信任度一般,22.7%不太信任,5.2%不信任,只有3.9%选择非常信任;普遍认为网络募捐存在三大问题:网络捐款中存在诈捐、骗捐的风险担忧,担心捐款平台的资质难以认定,善款中剩余款项的所有权不明。近几年,不少公募基金会和互联网公

---

① 参见《62.4%受访者担忧网络募捐存在诈捐风险》,载中国青年报网站,http://zqb.cyol.com/html/2015-07/16/nw.D110000zgqnb_20150716_1-07.htm,2024年7月25日访问。

司都在尝试开发募捐平台，不少公募基金会建立了自己的网站，发布募捐信息，开通网络捐款功能；新浪、腾讯开通了新浪微公益、腾讯公益平台，为慈善组织、个人求助、慈善拍卖等提供平台支持；阿里通过支持慈善组织在淘宝和天猫开设慈善网店等方式为慈善组织募捐提供支持；很多第三方支付平台如财付通、支付宝都开通了公益捐款模块。互联网募捐具有其他方式无法比拟的便捷和高效的优势，必将成为今后慈善组织开展公开募捐最主要的方式之一，占所有募捐方式所募款物的比重也将越来越大。同时这也给政府部门如何监管带来了难题，慈善法对此应当作出必要的规范。

2016年8月，民政部、工业和信息化部、国家新闻出版广电总局、国家互联网信息办公室印发了《公开募捐平台服务管理办法》的通知，对互联网公开募捐平台服务管理作了更为详细的规定：一是明确了公开募捐平台的定义，除民政部门指定的互联网公开募捐平台外，广播、电视、报刊、电信运营商等都可以提供公开募捐平台服务。二是明确了公开募捐服务平台需要遵守的法律法规，如《广播电视管理条例》《出版管理条例》《中华人民共和国电信条例》《互联网信息服务管理办法》等。三是明确了公开募捐服务平台的监管责任，如查验慈善组织的登记证书和公开募捐资格证书，不得代为接受慈善捐赠财产；应当签订协议,明确双方在公开募捐信息发布、募捐事项的真实性等方面的权利和义务;协助民政部门调查违法违规行为;等等。

慈善法对互联网募捐的规范主要表现在以下三个方面:

一是互联网募捐的主体应当是慈善组织。互联网募捐是慈善募捐的一种方式,与其他募捐方式一样,其主体也应当是慈善组织。个人可以通过互联网为自己或者朋友等特定对象发布求助信息,前面已经分析过,这不属于慈善募捐。

二是应当在国务院民政部门指定的平台并可以同时在自己的网站发布募捐信息。慈善组织通过互联网开展公开募捐,有两个渠道可以发布募捐信息:(1)国务院民政部门指定的互联网公开募捐服务平台。建立公开募捐服务平台,是慈善法践行慈善公开原则的重大举措,有利于整合慈善信息的发布渠道,有利于社会公众及时了解最权威的慈善信息,有利于降低中小型慈善组织的运作成本。发布募捐信息的互联网公开募捐服务平台,既可以由民政部自行建设,也可以从目前在全国或者部分地域比较有影响力的慈善信息平台中指定,可以是一个,也可以是多个。目前在全国影响力较大的互联网募捐服务平台主要有腾讯公益平台、字节跳动公益平台、新浪微公益平台、阿里巴巴公益平台和支付宝公益平台等。(2)慈善组织自己的官方网站、官方公众号等自媒体。慈善组织可以建立自己的网站并发布募捐信息，能够保证信息的真实性，可信度较高，目前不少大型慈善组织已经建立了自己的官方网站。

三是网络服务提供者应当履行验证义务。前述平台作为发布互联网募捐的重要载体，应当严把入口关，对利用该平台开展公开募捐的慈善组织的登记证书、公开募捐资格证书进行验证，确保慈善组织真实合法、具有公开募捐资格。没有履行慈善法规定的验证义务，应当根据慈善法第一百一十四条的规定承担相应的法律责任。理解网络服务提供者的这一义务需要注意两点：

（1）准确理解"平台"的含义。尽管慈善法规定有公开募捐资格的慈善组织应当在国务院民政部门指定的网络募捐服务平台上发布募捐信息，但不可避免地会有一些不具有公开募捐资格的组织或者个人，在前述平台以外的微博、论坛、贴吧等网络空间中发布违法募捐信息，也不可避免地会有网友将前述平台上发布的募捐信息转发到这些网络空间中，因为诸如此类信息是海量的，而且与前述平台不同，并不需要后台审核后才能发布，运营该网络空间的网络服务提供者难以辨识所发布信息的真伪，也就无法在事前对相关主体资格进行验证。当然，如果其发现或者经网络用户投诉后发现某些募捐信息违反法律规定，应当及时采取必要措施。所以说，网络服务提供者的验证义务仅存在于前述平台中，对其他存在于互联网中的海量信息，只有在具有故意或者重大过失的情形下才需要承担法律责任。

（2）信息真实性。网络服务提供者需要对慈善组织的主体资格进行验证，慈善组织应当对其所发布的募捐信息内容的真实性负责，因信息内容本身不真实或者募捐活动违法违规造成损失的，网络服务提供者不承担法律责任。

36. 互联网公开募捐服务平台主要的责任和义务是什么？

慈善法第二十七条第二款规定："国务院民政部门指定的互联网公开募捐服务平台，提供公开募捐信息展示、捐赠支付、捐赠财产使用情况查询等服务；无正当理由不得拒绝为具有公开募捐资格的慈善组织提供服务，不得向其收费，不得在公开募捐信息页面插入商业广告和商业活动链接。"本次慈善法修改，将"互联网公开募捐信息平台"改为"互联网公开募捐服务平台"，明确了互联网公开募捐服务平台的基础法律概念，意味着互联网公开募捐平台不仅是信息发布的渠道，而且是服务慈善组织、服务社会公众的募捐服务载体，同时进一步明确了互联网公开募捐服务平台的基本服务内容和服务要求。

（1）明确了基本服务内容。互联网募捐服务平台是链接捐赠人、慈善组织、受益人的枢纽，要为多方提供服务，帮助多方建立起便捷、高效的信任关系。一是信息展示功能，向全社会展示慈善组织基本信息，包括发起方和合作方的成立时间、联系方式、业务范围、资质情况、主要成绩等基本信息，以及慈善项目的基本信息，如发起时间、服务对象、受益人标准和选择程序、筹款目标、项目进度、受益人情况改善等；二是支付功能，公开募捐服务平台不接受捐赠，但应提供互联网支付端口，如微信、支付宝、银行卡等，便捷社会公众的捐赠支付，实现如网上购物的便捷体验；三是查询功能，捐赠人支付以及受益人得到服务之后，平台应要求项目发起方、执行方及时提交项目进度和受益人情况，通过平台发布供社会公众查询，还应通过技术手段及时向捐赠人推送、报告相关工作进展情况。

（2）明确了服务要求。平台是一种资质，作为服务中介应当具有公信力并承担相应责任。一是"无正当理由不得拒绝提供服务"，具有公开募捐资格的慈善组织发起项目，只要具备基本条件如认定为慈善组织、具有公开募捐资格、无严重违法记录，未进入异常活动名录，未列入失信名单等，不应再设项目上线的门槛，为慈善组织依法开展公开募捐提供平等准入、有序竞争的端口；二是"不得向其收费，不得插入商业广告和链接"，对平台的公益属性进行了严格限定，意味着平台不得向上线的慈善组织收取费用，不能开展商业经营活动，体现了法律对于维护公开募捐活动公益性和公平公正，维护慈善组织募捐主体权益的坚决态度。这一条款对募捐平台的发起方提出了更高要求，没有充足的资金、人员和技术保障，很难获得平台资格，现有的平台也将实现优胜劣汰，未来的互联网公开募捐平台将保持在一定的数量之内。

（3）优化捐赠体验。新修改的慈善法在第九十五条提出，国家鼓励在慈善领域应用现代信息技术。互联网公开募捐平台作为重要的慈善主体，理应对上线的慈善组织、捐赠人提供更为优质的服务，如互联网公开募捐场景的开发：腾讯公益平台开展的99公益日、地方乡村振兴专场、步数捐赠；支付宝公益平台的蚂蚁森林、蚂蚁庄园；美团公益平台的青山公益等，通过社交、互动、游戏等方式吸引捐赠人关注、参与慈善。同时，互联网公开募捐平台可通过区块链、人工智能等新技术的运用，不断创造有趣、便捷的募捐和捐赠场景，打通"捐款人—公益组织—受益人"链条，让更多的个人、企业、商户参与慈善，形成独具中国特色的互联网公开募捐模式。

37. 不具有公开募捐资格的组织或者个人擅自开展公开募捐应当承担什么法律责任？

慈善法第二十二条规定了公开募捐行政许可制度，慈善组织开展公开募捐，应当事先取得公开募捐资格证书。这意味着，开展公开募捐的只能是依法取得公开募捐资格的组织。没有取得公开募捐资格证书的组织或者个人，不得开展公开募捐活动。擅自开展公开募捐的，应当承担相应的法律责任。

慈善法第一百一十三条规定："不具有公开募捐资格的组织或者个人擅自开展公开募捐的，由县级以上人民政府民政部门予以警告，责令停止募捐活动；责令退还违法募集的财产，无法退还的，由民政部门予以收缴，转给慈善组织用于慈善目的；情节严重的，对有关组织或者个人处二万元以上二十万元以下罚款。自然人、法人或者非法人组织假借慈善名义或者假冒慈善组织骗取财产的，由公安机关依法查处。"第一百二十一条规定："违反本法规定，构成违反治安管理行为的，由公安机关依法给予治安管理处罚；构成犯罪的，依法追究刑事责任。"行政许可法第八十一条也规定，公民、法人或者其他组织未经行政许可，擅自从事依法应当取得行政许可的活动的，行政机关应当依法采取措施予以制止，并依法给予行政处罚；构成犯罪的，依法追究刑事责任。

考虑到没有取得公开募捐资格的慈善组织以及其他组织或者个人，确实存在出于慈善目的开展募捐的需要，因此慈善法第二十六条规定："不具有公开募捐资格的组织或者个人基于慈善目的，可以与具有公开募捐资格的慈善组织合作，由该慈善组织开展公开募捐，合作方不得以任何形式自行开展公开募捐。具有公开募捐资格的慈善组织应当对合作方进行评估，依法签订书面协议，在募捐方案中载明合作方的相关信息，并对合作方的相关行为进行指导和监督。具有公开募捐资格的慈善组织负责对合作募得的款物进行管理和会计核算，将全部收支纳入其账户。"这样规定，既不会扰乱慈善募捐秩序，也为满足这些组织和个人的合理需求提供了途径。

38. 开展募捐活动可以摊派吗？

慈善法第三十二条规定："开展募捐活动，不得摊派或者变相摊派，不得妨碍公共秩序、企业生产经营和居民生活。"

改革开放以来，我国慈善事业取得长足发展，近年来社会捐赠总额总体稳步增长。但我国募捐市场发展还不成熟，摊派、变相摊派、劝捐、索捐等现象屡屡发生，一些有官方背景的慈善组织依靠行政权力强行索捐，有些地方以政府红头文件、内部通知的形式下达捐款指标，要求辖区内企业、公务员、教师捐款，有些单位按照行政职级硬性规定捐款数额，有些单位直接从工资中划扣等，不一而足。从短期看，这些手段确实增加了捐赠数额，表面上繁荣了募捐市场，但从长期看，破坏了募捐市场的秩序，损害了慈善组织的公信力，必将严重阻碍慈善事业健康持续发展。

摊派或者变相摊派等索捐行为违反开展慈善活动必须遵循的自愿原则。不少文章已经从哲学、社会学等角度对自愿与慈善的关系进行了阐述，认为慈善捐赠的最本质特征就是自愿性。在法学语境中，"自愿"就是在不违反法律的前提下，凭借主体的内心自由决定从事或者不从事某种行为。这一原则在募捐与捐赠活动中至少表现在"捐不捐""向谁捐""捐多少"三个方面，都应当由捐赠人自由决定。决定是否捐赠、捐赠金额的因素有很多，如捐赠人的慈善观、慈善项目是否符合捐赠人的慈善理念、慈善组织的公信力、捐赠人的经济能力等。说到底，任何以行政权力、道德绑架为手段的摊派或者变相摊派，都是严重违背自愿原则的。

培育和繁荣募捐市场是一个长期发展的过程，不是一蹴而就的，慈善组织应当着力提高行业公信力，加强信息公开，努力把每一个慈善项目做好做精；政府部门应当加强对慈善事业的监督管理，严肃处理每一起违法违规行为，创造条件引导社会公众参与慈善，培育公民慈善理念。行政机关应当从自我做起，从根本上杜绝摊派或者变相摊派的违法行为。

39. 哪些情形属于违法募捐活动，需要承担什么法律责任？

慈善法第一百一十一条规定："慈善组织开展募捐活动有下列情形之一的，由县级以上人民政府民政部门予以警告，责令停止募捐活动；责令退还违法募集的财产，无法退还的，由民政部门予以收缴，转给其他慈善组织用于慈善目的；情节严重的，吊销公开募捐资格证书或者登记证书并予以公告，公开募捐资格证书被吊销的，五年内不得再次申请：（一）通过虚构事实等方式欺骗、诱导募捐对象实施捐赠的；（二）向单位或者个人摊派或者变相摊派的；（三）妨碍公共秩序、企业生产经营或者居民生活的；（四）与不具有公开募捐资格的组织或者个人合作，违反本法第二十六条规定的；（五）通过互联网开展公开募捐，违反本法第二十七条规定的；（六）为应对重大突发事件开展公开募捐，不及时分配、使用募得款物的。"

（1）通过虚构事实等方式欺骗、诱导募捐对象实施捐赠的。根据慈善法第二十四条的规定，慈善组织应当在募捐方案中明确募捐目的、受益人、募得款物用途等内容，由募捐对象自行决定是否捐赠。通过虚构事实等方式欺骗、诱导他人捐赠，违反了慈善法规定的合法、自愿、诚信等原则，损害了慈善组织的公信力，严重破坏了募捐市场秩序。

（2）向单位或者个人摊派或者变相摊派的。慈善事业发展的基础在于自愿，募捐活动必须充分尊重捐赠人的主观意愿，捐不捐、向谁捐、捐多少，都应当由募捐对象自主决定，任何人包括慈善组织都不得强迫他人捐赠。

（3）妨碍公共秩序、企业生产经营或者居民生活的。慈善组织作为社会生活的参与者之一，不能因开展募捐活动而妨碍正常的公共秩序、企业生产经营和居民生活。例如，没有事先取得公共场所管理者的许可在公共场所开展募捐，妨碍了公共秩序；未经企业经营者的许可到工地、生产车间开展募捐，妨碍了企业正常生产经营；对个人频繁地进行电话、邮件募捐，在对方明确拒绝的情形下多次上门募捐，妨碍了居民日常生活。良好的募捐秩序要靠所有慈善组织共同维护，应当将对日常社会生活的影响降到最低。

（4）与不具有公开募捐资格的组织或者个人合作，违反本法第二十六条规定的。慈善法第二十六条规定："不具有公开募捐资格的组织或者个人基于慈善目的，可以与具有公开募捐资格的慈善组织合作，由该慈善组织开展公开募捐，合作方不得以任何形式自行开展公开募捐。具有公开募捐资格的慈善组织应当对合作方进行评估，依法签订书面协议，在募捐方案中载明合作方的相关信息，并对合作方的相关行为进行指导和监督。具有公开募捐资格的慈善组织负责对合作募得的款物进行管理和会计核算，将全部收支纳入其账户。"根据此条规定，具有公开募捐资格的慈善组织，一是应当对合作方进行评估，确定合作方出于慈善目的开展募捐；二是双方应依法签订书面协议，在募捐方案中载明合作方的相关信息，并对合作方在善款募集、使用、最终处理等全过程中的行为进行指导和监督；三是负责对合作募得的款物进行管理和会计核算，将全部收支纳入其账户，切实担负起监督管理募得款物的责任，根据有关规定和合作协议的约定向合作方拨付募得款物。在合作募捐过程中，具有公开募捐资格的慈善组织如果不履行或者疏于履行其上述责任，一旦出现违法违规行为，应当承担相应的法律责任。

（5）通过互联网开展公开募捐，违反本法第二十七条规定的。按照慈善法第二十七条的规定，慈善组织通过互联网开展公开募捐的，应当在国务院民政部门指定的互联网公开募捐服务平台进行，并可以同时在其网站进行。有些慈善组织为了向公众开展募捐，在29家民政部指定的互联网公开募捐服务平台之外的互联网媒体、社交平台、电商平台等上发布募捐信息，公开募捐账号，有的甚至投放募捐广告，这种行为不仅违反了慈善法，而且扰乱了募捐秩序。

（6）为应对重大突发事件开展公开募捐，不及时分配、使用募得款物的。重大突发事件往往非常紧急，受灾的群众需要得到最及时、最有效、最直接的慈善救助，慈善组织应该依法、有序、高效地参与救灾。如果在参与救灾中，慈善组织不及时将募捐得来的款物分配给有需要的群众，或者使用不当造成资源浪费，会严重影响救灾工作的效率，也会使捐赠人的爱心受到伤害，导致慈善组织和慈善事业公信力受损。

慈善组织开展募捐活动有以上情形之一的，由县级以上人民政府民政部门予以警告，责令停止募捐活动；责令退还违法募集的财产，无法退还的，由民政部门予以收缴，转给其他慈善组织用于慈善目的；情节严重的，吊销公开募捐资格证书或者登记证书并予以公告，公开募捐资格证书被吊销的，五年内不得再次申请。

40. 对假借慈善名义骗取财产的行为如何处理？

我们身处一个信息爆炸的时代，信息传播的速度之快给我们的生活带来了便捷，但同时大量信息真伪难辨，在慈善领域也是如此。我们每天浏览网页、报纸，打开手机，都能看到各种求助信息，在各种网络平台中，随意输入"求助捐款"关键词，满屏都是求助信息，其中夹杂着不少虚假信息,有些信息甚至经过网络推手的精心包装,假借慈善名义骗取钱财,一般公众难以识破,现实中这样的事例不胜枚举。比如,自某地发生地震后,网上曝光多个打着"抗震救灾""献爱心""捐款"等名义的骗局:一是"骗转账汇款";二是"骗账号密码";三是"仿冒公益机构网站"。此类骗局多是不法分子仿冒官方网站,制作钓鱼网站,骗取网民钱财。又如,2015年10月,某地一女子被狗咬伤,其男友张某请当地某媒体将此事策划为"因救小女孩而被狗咬",报道发出后随即成为热点,引发社会公众的关注和同情,一周内便收到全国各地汇来的捐款70多万元,事件败露后,当地警方以涉嫌诈骗罪将张某拘留。

社会公众对骗子骗取钱财深恶痛绝,对打着慈善名号或者假冒慈善组织骗取财产的行为更是无法容忍,因为其不仅骗取了钱财,更是亵渎了公众的爱心。对此,慈善法第三十三规定:"禁止任何组织或者个人假借慈善名义或者假冒慈善组织开展募捐活动,骗取财产。"第一百一十三条第二款规定了相应的法律责任:"自然人、法人或者非法人组织假借慈善名义或者假冒慈善组织骗取财产的,由公安机关依法查处。"可见立法者对打击诈捐行为的态度和决心。

诈骗行为可能涉及行政责任和刑事责任,应当根据诈骗行为的具体情形,分别处理:(1)诈捐行为尚未造成严重后果的,根据治安管理处罚法第四十九条的规定处罚:"盗窃、诈骗、哄抢、抢夺、敲诈勒索或者故意损毁公私财物的,处五日以上十日以下拘留,可以并处五百元以下罚款;情节较重的,处十日以上十五日以下拘留,可以并处一千元以下罚款。"(2)诈捐行为构成犯罪的,应当追究刑事责任,刑法第二百六十六条规定:"诈骗公私财物,数额较大的,处三年以下有期徒刑、拘役或者管制,并处或者单处罚金;数额巨大或者有其他严重情节的,处三年以上十年以下有期徒刑,并处罚金;数额特别巨大或者有其他特别严重情节的,处十年以上有期徒刑或者无期徒刑,并处罚金或者没收财产。本法另有规定的,依照规定。"

41. 红十字会开展募捐活动适用慈善法吗?

这涉及慈善法与红十字会法的关系。为了保障红十字会依法履行职责,我国早在1993年就制定了红十字会法,2017年2月,全国人大常委会进行了修订。起草慈善法过程中,起草组对红十字会在慈善法中的地位、慈善法与红十字会法之间的关系等问题进行了深入研究。

根据红十字会法第二条的规定,中国红十字会是中华人民共和国统一的红十字组织,是从事人道主义工作的社会救助团体。红十字会与一般慈善组织的差别主要在于:

（1）组织结构。根据红十字会法规定，全国除红十字总会外，县级以上按行政区域建立地方各级红十字会，上下级红十字会的人财物是独立的，但存在业务指导关系。而一般慈善组织可以根据开展业务的需要，自行决定设立分支机构，但分支机构是该慈善组织的组成部分，不具有法人资格，不得另行制定章程，只能在授权的范围内开展活动，法律责任由该慈善组织承担。（2）职责。一般慈善组织的慈善宗旨由其在慈善法第三条范围内自行决定。而红十字会的职责由红十字会法以法律形式明确规定。红十字法第十一条规定："红十字会履行下列职责：（一）开展救援、救灾的相关工作，建立红十字应急救援体系。在战争、武装冲突和自然灾害、事故灾难、公共卫生事件等突发事件中，对伤病人员和其他受害者提供紧急救援和人道救助；（二）开展应急救护培训，普及应急救护、防灾避险和卫生健康知识，组织志愿者参与现场救护；（三）参与、推动无偿献血、遗体和人体器官捐献工作，参与开展造血干细胞捐献的相关工作；（四）组织开展红十字志愿服务、红十字青少年工作；（五）参加国际人道主义救援工作；（六）宣传国际红十字和红新月运动的基本原则和日内瓦公约及其附加议定书；（七）依照国际红十字和红新月运动的基本原则，完成人民政府委托事宜；（八）依照日内瓦公约及其附加议定书的有关规定开展工作；（九）协助人民政府开展与其职责相关的其他人道主义服务活动。"红十字会的职责与慈善法关于慈善的范围虽有交叉，但各有侧重。(3) 经费与财产。红十字会法规定，红十字会财产的主要来源包括："（一）红十字会会员缴纳的会费；（二）境内外组织和个人捐赠的款物；（三）动产和不动产的收入；（四）人民政府的拨款；（五）其他合法收入。"

慈善法第五十二条规定："慈善组织的财产包括：（一）发起人捐赠、资助的创始财产；（二）募集的财产；（三）其他合法财产。"其他合法财产包括从政府购买服务中取得的财产，与政府拨款性质不同。

总体而言，红十字会与慈善法规定的一般慈善组织相比，有其特殊性，所以，红十字会法对红十字会有关组织、职责、经费与财产等事项有特别规定的，从其规定；红十字会法未作规定或者仅作了原则性规定的，适用慈善法的有关规定。

回到本题的题旨，红十字会法第十九条规定："红十字会可以依法进行募捐活动。募捐活动应当符合《中华人民共和国慈善法》的有关规定。"慈善法第二十二条第二款规定："其他法律、行政法规规定可以公开募捐的非营利性组织，由县级以上人民政府民政部门直接发给公开募捐资格证书。"红十字会属于红十字会法规定可以公开募捐的组织，其募捐活动与慈善组织的慈善募捐在性质是相同的，慈善法关于募捐资格、募捐方式、信息公开等方面的规定应当适用于红十字会。

42. 其他国家和地区如何管理慈善募捐?

慈善募捐是慈善法中最重要的制度之一。近年来,随着通信技术尤其是互联网的迅猛发展,募捐形式有了很大变化,出现了短信募捐、网络募捐、众筹等新型募捐方式。下文主要对部分国家和地区慈善募捐制度,特别是网络募捐的管理作简要介绍。

(1)英国。根据英国《2006年慈善法》的规定,慈善组织在公共场所募捐以及上门募捐的,需要向慈善委员会申请公共募捐证书,同时需要向地方政府有关部门申请许可,以防募捐活动一段时间内过于集中。除此之外,慈善组织开展募捐活动,无须事先取得慈善委员会的批准或同意,而是依靠慈善组织自律以及行业自律,但根据活动内容不同需要遵守不同的法律,如开展博彩募捐活动需要遵守博彩法的规定;举办体育活动等进行募捐需要遵守有关登记注册、食品安全和消费者保护的法律;广播和电话募捐需要遵守《1992年慈善法》有关捐赠人有权要求退还捐款的规定;在线募捐需要遵守《2003年隐私和电子通讯规则》《2000年消费者保护规则》等。

英国慈善法对在线募捐没有作出专门规范,但英国慈善委员会针对募捐活动制定了指引——《CC20-慈善组织与筹款活动》(CC20-Charities and Fundraising),对包括在线募捐在内的公共募捐、博彩募捐、举办活动进行募捐、电话募捐、上门募捐、涉及儿童的募捐等多种募捐形式都进行了详细说明。尽管这一指引不具有强制约束力,但慈善组织在进行募捐活动时一般都会遵守这一指引。

(2)美国。与英国不同,美国并没有制定全国统一的慈善法,也没有一个全国性的慈善监督机构。美国非营利组织是根据美国税法典第501(c)成立的,其中根据第501(c)(3)款成立的非营利组织相当于我国的慈善组织,其慈善机构地位由美国税务局认定。由于美国是联邦制国家,这些慈善组织在多数州实施慈善行为,包括募捐、开展慈善活动等,需要在州注册(英文为"register",相当于我国的备案),仅有佛蒙特、印第安纳、爱荷华、南达科塔、内布拉斯加、得克萨斯、怀俄明、蒙大拿、爱达荷和内华达10个州不要求注册。

以纽约州为例,根据纽约州法律规定,所有需要在纽约州活动的慈善组织都应当向纽约州总检察长办公室注册并提交年度财务报告,包括并不在纽约州实际运作而只是向纽约州居民募捐的慈善组织。其向纽约州居民募捐并不需要事先获得纽约州总检察长的批准或同意,而只需要向其注册并提交年度财务报告即可。这样的要求同样适用于电话、邮件、面对面募捐以及网络募捐。

网络募捐不同于传统募捐方式，其所具有的跨地域性使得州慈善监管机构必须考虑到底哪些慈善组织应当在本州注册。鉴于此，全国州级政府慈善监管官员协会（以下简称 NASCO，其主要成员是各州的助理首席检察官和担负监管公益慈善类民间组织职责的州政府官员）理事会针对网络募捐制定了查尔斯顿规则（Charleston principles），规定了必须注册的两种情形，第一种情形是住所地在本州的组织，在本州使用互联网从事慈善募捐的，必须在本州注册。第二种情形是住所地在其他州的组织，有下列情形之一的，必须在本州注册：①该组织通过一个交互式网站（能够在网站中通过电子方式完成捐赠行为）进行募捐行为；②该组织通过互联网以本州常住居民作为募捐特别对象，或者该组织通过其网站，持续不断地或实质地从本州接受捐助；③该组织通过非交互式网站进行募捐，但是特别邀请本州居民参加线下活动完成捐助，或者以发送电子邮件或其他通信方式推广其网站，与该州建立联系。

（3）日本。日本法律对募捐活动较为宽容，没有对募捐活动加以具体规定，仅在《公益认定法》中对下列行为加以禁止：一是对已作出不愿捐款意思表示的人，继续劝诱其捐款；二是以粗野、蛮横的言行劝诱他人捐款；三是可能使人误认捐赠财产用途的行为;四是可能对其他捐赠者等的利益造成非法侵害的行为。

举办募捐活动如需占用道路、车站周边、公园等公共场所时,活动主办方需要向地方政府取得相应许可,但这一许可并不是针对募捐活动的,从事工事、集会、贩卖等活动均需取得许可。

日本法律也没有对募捐活动的方式作出限制性规定,一般而言,可以包括传统街头募捐、上门募捐、集会募捐、网络募捐、捐赠旧物、众筹、特定捐款信托等。

(4) 我国台湾地区。在我国台湾地区,基于公益目的,募集财物或接受捐赠的劝募行为及其管理,均适用"公益劝募条例",这也包含了网络募捐活动。

(5) 我国香港特别行政区。我国香港特别行政区目前没有统一的慈善法规范募捐活动。慈善组织如果在公众地方进行募捐、义卖、售卖奖券,必须提前向有关政府机构取得许可证或牌照才可进行;其他类别的慈善活动,即便涉及公众募捐但未在公众地方收集捐款,如慈善拍卖、舞会、音乐会、晚宴、步行、电影首映礼、传媒表演节目、通过邮件和广告进行募捐、当面游说捐款人承诺定期捐款的慈善募捐活动,通过电话、社交媒介(如文字信息)、电邮或其他电子方式进行的募捐活动,无须申领许可证或牌照。

必须经政府批准才可进行慈善募捐活动主要有两种

情形：

一种是在公众地方进行的募捐活动。根据《简易程序治罪条例》，慈善组织在公众地方举行慈善募捐活动，必须事先向社会福利署申请取得"公开筹款许可证"，社会福利署在签发许可证之前会进行核查，以确保计划举行的募捐活动符合慈善组织的慈善宗旨，有关场地的管理机构已经批准进行这项活动。"公开筹款许可证"根据募捐活动是"卖旗日"或"在公众地方举办的一般慈善募捐活动"（如售卖徽章或纪念品、设置募捐箱）而适用不同的申请程序。如果需要在街头贩卖，还需要向食物环境卫生署申请"临时小贩牌照"。

另一种是通过奖券活动进行慈善募捐。根据《赌博条例》，必须事先向民政事务总署下属的牌照处申请牌照。

此外，慈善组织在公众地方设置摊位或柜台，游说捐款人承诺对组织作出定期捐款的情形越来越普遍，这需要事先获得地政总署的批准并缴纳相应费用，地政总署的考量主要在于摊位或柜台占用土地是否会对道路使用者造成妨碍，由于这类活动不是"卖旗日"或一般慈善募捐活动，慈善组织无须向社会福利署申请公开筹款许可证。

可以看出，我国香港特别行政区法例没有对网络募捐作出任何专门规制，但不少公众认为政府应当对网上慈善募捐活动加以管制，以取缔有意行骗公众的不当和非法活动。也有公众认为难以找到实际可行的方法管制网络募捐，尤其是非香港慈善组织所进行的网络募捐，避免滥用的最好方法是加强公众对这一问题的认识，并规定有关机构必须以显眼的方式在其网站展示其慈善组织地位和注册号码。

慈善捐赠

43. 什么是慈善捐赠？它与民事赠与是一回事吗？

慈善法第三十四条规定："本法所称慈善捐赠，是指自然人、法人和非法人组织基于慈善目的，自愿、无偿赠与财产的活动。"

从法律的规定来看，慈善捐赠是公民、法人或者非法人组织将自己所有的财产自愿无偿地转移给其并不负有法定救助义务的组织或者个人的行为。根据学术界关于"三次分配"的说法，慈善捐赠作为社会资源的第三次分配形式，有利于优化资源配置、调节贫富分化程度、促进社会良性运行与整体和谐，具有市场机制与政府调节所无法取代的功能。

慈善捐赠具有三个特性：第一是自愿性。慈善捐赠是一种高尚的道德行为，对于慈善捐赠不能采取强制措施和义务导向。政府可以号召、鼓励、引导，但是不能硬性摊派，如果运用行政权力去推动捐赠，就会破坏慈善生态。

有些地方在开展"慈善一日捐"时，通过红头文件规定捐赠标准，是违反慈善本意的，也违反了慈善法的要求。第二是无偿性，慈善捐赠是无对价的，这和买卖、销售行为形成了鲜明对比。当然，无偿性并不意味着捐赠者没有任何动机和要求。第三是捐赠财物必须用于慈善事业，这构成和一般的赠与行为的本质区别。

慈善捐赠与民事赠与有诸多相似之处，但也存在明显区别。民事赠与适用民法典关于赠与合同的规定。民法典第六百五十七条规定："赠与合同是赠与人将自己的财产无偿给予受赠人，受赠人表示接受赠与的合同。"从慈善法关于慈善捐赠的规定和民法典关于赠与合同的规定可以看出，民事赠与与慈善捐赠存在以下几点区别：（1）民事赠与的受赠人一般就是受益人，而慈善捐赠未必。慈善捐赠一般是将财产捐赠给某个慈善组织，在捐赠时，捐赠人通常不知道谁是最终的受益人。（2）目的和用途不同。慈善捐赠的财物必须用于慈善事业，也就是说，用途应当符合慈善法第三条的规定，但民事赠与没有这方面的限制。（3）在受赠人方面，慈善捐赠的捐赠者对受益人不负有法定救助义务，而民事赠与中，不排除捐赠者对受益人负有救助义务。（4）在优惠政策方面，慈善捐赠者一般可以依法享受税收等方面的优惠政策，而民事赠与者一般不享受税收等方面的优惠政策。

44. 捐赠人可以捐赠哪些财产?

慈善法第三十六条规定:"捐赠人捐赠的财产应当是其有权处分的合法财产。捐赠财产包括货币、实物、房屋、有价证券、股权、知识产权等有形和无形财产。捐赠人捐赠的实物应当具有使用价值,符合安全、卫生、环保等标准。捐赠人捐赠本企业产品的,应当依法承担产品质量责任和义务。"这就意味着,捐赠人捐赠的财产形式是多样的,可以是资金,也可以是实物、房屋,还可以是有价证券、股权、知识产权等;可以是有形财产,也可以是无形财产。从近年来国内捐赠的情况来看,现金和有价证券捐赠仍占较大比例。在接受捐赠的物资中,药品捐赠所占比例比较大,慈善捐赠中股权、知识产权等无形财产的捐赠比例不高。

根据慈善法第三十六条的规定,捐赠人捐赠的财产应当具备以下条件:

第一,应当是其有权处分的财产。也就是说,捐赠人对捐赠的财产有处分权。这就意味着,如果没有处分权,其捐赠是无效的。例如,张某出国学习两年,将其一辆轿车临时给其朋友李某使用,李某在未经张某同意前,不能将其使用的这辆轿车捐赠。又如,王某是一家股份公司的执行总经理，按公司章程，对公司财产的处分需要经过董事会成员半数以上同意，在未经董事会同意前，王某无权决定将公司财物捐赠。再如，杨某在路上捡到一块手表，他也无权直接将手表捐赠，因为他不具有处分权。

第二，捐赠的财产必须是合法财产。这就意味着，捐赠以非法方式取得的财产，如走私来的物品等，是无效的，由此造成的损失，需由捐赠者承担。

第三，捐赠的实物应当具有使用价值，符合安全、卫生、环保等标准。没有使用价值的财产不能捐赠，对于有国家标准或者行业标准的，不符合相应标准的物品也不能捐赠。比如，捐赠的药品不符合国家强制性标准或者不符合相应的规范（已过保质期的药品等），是不能捐赠的。

第四，如果捐赠人捐赠本企业产品，应当依法承担产品质量责任和义务。这就意味着，捐赠人需要对捐赠的产品质量负责，不仅捐赠的产品要符合国家法律法规规定的标准，而且企业还要承担相应的责任和义务。依据产品质量法的规定，销售或者捐赠的产品质量应当检验合格，不得以不合格产品冒充合格产品。对于可能危及人体健康和人身、财产安全的工业产品，必须符合保障人体健康和人身、财产安全的国家标准、行业标准；未制定国家标准、行业标准的，必须符合保障人体健康和人身、财产安全的要求。依据法律规定，禁止生产、销售不符合保障人体健康和人身、财产安全标准和要求的工业产品,因此也不允许捐赠不符合上述标准和要求的工业产品。如果捐赠的是农产品,还应当依据农产品质量安全法的要求,按照规定应当包装或者附加标识的,须经包装或者附加标识后方可捐赠。包装物或者标识上应当按照规定标明产品的品名、产地、生产者、生产日期、保质期、产品质量等级等内容;使用添加剂的,还应当按照规定标明添加剂的名称。

另外,根据慈善法第四十三条的规定,国有企业实施慈善捐赠的,应当遵守有关国有资产管理的规定,履行批准和备案程序。

45. 自然人、法人和非法人组织开展经营性活动承诺捐赠的,应当如何实施?

在实践中,经常有在经营性活动中承诺捐赠的行为,即自然人、法人和非法人组织在开展演出、比赛、销售、拍卖等经营性活动时,承诺将全部或部分所得捐赠出来,用于慈善事业。这种行为一方面可以视为一种营销行为,借助慈善名义,可以提高经营性活动的效果;另一方面,也可以增加慈善活动的资金,对发展慈善事业有益。因此,只要此类活动依法依规开展,就可以实现"双赢"。例如,2001年,某公司和北京奥申委联合推出第一个"一分钱"

行动："再小的力量也是一种支持。从现在起，买一份产品，你就为申奥捐出一分钱。"伴随着在电视台播放的"一分钱"广告中运动员那颇具亲和力的笑脸，以及某公司倡导的这种"聚沙成塔"的宣传理念，全民支持申奥的主题进一步深入人心。最后，某公司共捐出了500万元人民币，不仅支持了奥运会申办，而且取得了良好的社会效益，该事件还被评为2001年十大成功营销案例。某公司后来推出的"一分钱"阳光工程、支持中国贫困地区学校基础体育建设、支持中国体育事业等活动，也都取得了较好的社会效果。

但是，经营性活动中的捐赠行为也存在诸多问题，在慈善法起草过程中，如何鼓励和支持捐赠，同时又避免假借慈善名义搞推销，成为立法者重点关注的问题。慈善法第三十七条规定："自然人、法人和非法人组织开展演出、比赛、销售、拍卖等经营性活动，承诺将全部或者部分所得用于慈善目的的，应当在举办活动前与慈善组织或者其他接受捐赠的人签订捐赠协议，活动结束后按照捐赠协议履行捐赠义务，并将捐赠情况向社会公开。"根据这一规定，此类捐赠需要遵循以下要求：

第一，应当在举办活动前与慈善组织或者其他接受捐赠的人签订捐赠协议。在演出、比赛、销售、拍卖等经营性活动开展前，捐赠人要和接受捐赠者签订捐赠协议。接受捐赠的可以是慈善组织,也可以是其他组织或者自然人。但如果不是慈善组织或者其他符合条件的组织,捐赠者可能无法获得捐赠票据,也因此无法享受税收等方面的优惠。

第二,活动结束后要按照捐赠协议实施捐赠。在演出、比赛、销售、拍卖等经营性活动结束后,捐赠者应当按照事前签订的捐赠协议,在规定的时间内,将承诺捐赠的所得或者收入捐赠给有关的慈善组织或者其他受赠人。

第三,捐赠情况要向社会公开。捐赠活动结束后,捐赠人应当将捐赠情况向社会公开,社会公众可以查询具体的捐赠结果,对于符合法律规定的查询要求,捐赠者和接受捐赠者都有义务公开。

慈善法第三十七条既鼓励以多种方式支持慈善事业,又从法律上堵塞了经营性活动中可能出现虚捐、假捐、诈捐等"旁门左道",减少了经营性捐赠中可能出现的争议,具有积极意义。

46. 慈善组织接受捐赠,应当遵循哪些要求?

根据慈善法第三十八条、第三十九条的规定,慈善组织接受捐赠,应当遵循以下要求:

第一,按规定向捐赠人开具捐赠票据或者做好相关记录。慈善法第三十八条规定:"慈善组织接受捐赠,应当向捐赠人开具由财政部门统一监（印）制的捐赠票据。捐赠票据应当载明捐赠人、捐赠财产的种类及数量、慈善组织名称和经办人姓名、票据日期等。捐赠人匿名或者放弃接受捐赠票据的，慈善组织应当做好相关记录。"一是慈善组织向捐赠人开具的捐赠票据必须是从财政部门领取的统一监（印）制的捐赠票据，不能以本组织的收据和其他票据代替。财政部于2024年1月印发的《公益事业捐赠票据使用管理办法》规定，公益事业捐赠票据，是指县级以上人民政府及其部门、公益性事业单位、公益性社会组织（以下统称公益性单位）按照自愿、无偿原则，依法接受并用于公益事业的捐赠财物时，向提供捐赠的自然人、法人和其他组织开具的凭证。捐赠票据是会计核算的原始凭证，也是财政、税务、审计、监察等部门进行监督检查的依据，可作为捐赠人对外捐赠并根据国家有关规定申请捐赠款项税前扣除的有效凭证。捐赠票据由财政部或省、自治区、直辖市人民政府财政部门统一印制，并套印全国统一式样的财政票据监制章。二是公益事业捐赠票据的基本内容包括：票据名称、票据监制章、票据代码、票据号码、交款人统一社会信用代码、交款人、校验码、开票日期、二维码（条形码）、项目编码、项目名称、单位、数量、标准、金额（元）、金额合计（大写）／（小写）、备注、其他信息、收款单位（章）、复核人、收款人等。公益事业捐赠纸质票据一般包括存根联、收据联、记账联。存根联由开票方留存，收据联由支付方收执，记账联由开票方留作记账凭证。三是如果捐赠人匿名或者放弃接受捐赠票据的，慈善组织应当做好相关记录，对接受捐赠的日期、捐赠财产的数量、经办人等详细记载，以备查询。考虑到捐赠活动的多样性和不同慈善组织的差异，法律并未对慈善组织保留相关记录的时间作出具体规定。慈善组织应当完善自己的规章制度，对相关记录的保留时间作出规定。民政部或者各地民政部门也可以依据慈善法制定相应的管理办法，对不同情形下的最低保存期限作出规定，其核心原则应当是既不给慈善组织造成过重的负担，也应当为公众查询和主管部门监管提供必要的便利。

第二，应捐赠人要求与捐赠人签订书面捐赠协议。慈善法第三十九条规定："慈善组织接受捐赠，捐赠人要求签订书面捐赠协议的，慈善组织应当与捐赠人签订书面捐赠协议。书面捐赠协议包括捐赠人和慈善组织名称，捐赠财产的种类、数量、质量、用途、交付时间等内容。"在慈善法起草过程中，有意见提出，法律应当对数额较大的捐赠作出强制性签订捐赠协议的规定，数额较小的捐赠，如果当事人提出要求，也需要签订捐赠协议。在征求意见和审议过程中，也有不少意见提出，关于何谓"较大数额的捐赠"和"数额较小的捐赠"，对不同地区、不同的慈善组织来说,可能会有不同认识,也难以制定统一的标准,甚至有的捐赠物品的价值在实践中难以准确估价,因而建议将是否签订书面协议的权利交由捐赠人。最终,慈善法采纳了这一建议。也就是说,只要捐赠人提出要求,慈善组织就必须与捐赠人签订书面捐赠协议。除了法律规定的内容外,捐赠协议还可以包括慈善组织与捐赠人协商一致的其他内容,如争议解决办法、免责条款、违约责任等。

47. 捐赠人有哪些权利?

对慈善事业的促进和激励,很大程度上是通过对捐赠人的激励和保护来实现的。慈善法专章规定了慈善事业的促进措施,同时,也专门规定了捐赠人的权利,以保护捐赠人的捐赠热情。慈善法第四十二条规定:"捐赠人有权查询、复制其捐赠财产管理使用的有关资料,慈善组织应当及时主动向捐赠人反馈有关情况。慈善组织违反捐赠协议约定的用途,滥用捐赠财产的,捐赠人有权要求其改正;拒不改正的,捐赠人可以向县级以上人民政府民政部门投诉、举报或者向人民法院提起诉讼。"根据这一条以及第三十九条的规定,捐赠人主要享有以下四个方面的权利:

一是要求签订书面捐赠协议的权利。在一般情况下,捐赠人当然可以不签订书面捐赠协议。但由于未签订书面协议的捐赠可能存在稳定性差、取证难、证据保存难等问题，所以为了更好地行使自己的权利，捐赠人可以要求慈善组织签订书面协议。如果捐赠人提出这一要求，慈善组织应当与捐赠人签订书面捐赠协议，而不论其捐赠额度大小。

二是约定捐赠财产的用途和受益人的权利。依据民法典的规定，所有人对自己的财产有处分的权利。捐赠人捐赠的是自己的财产，因此，在符合慈善法第三条规定的前提下，捐赠人原则上可以决定捐赠给谁，也可以决定捐赠财产的用途。接受捐赠的慈善组织应当尊重捐赠人的意愿。实践中，有些地方发生重大自然灾害，当地政府曾经要求慈善组织将接收的款物上交民政部门，由民政部门在灾区内统一调配。这样的做法尽管在一定程度上实现了对捐赠财物的合理分配，但可能会违背捐赠人的捐赠意愿。因为很多捐赠款物都带有明确的指向性，如只用于某些群体，或者只用于助学或者房屋修缮等指定的用途，慈善组织或者被资助人如果擅自把捐赠款物挪作他用，就违背了捐赠者的意愿，要承担相应的责任。

三是知情权。这是法律赋予捐赠人的重要权利。捐赠人有权查询、复制其捐赠财产管理使用的有关资料，慈善组织应当及时主动向捐赠人反馈有关情况。慈善组织不仅要建立相关的台账，还要尽可能地建立信息跟踪系统，让捐赠人了解捐赠财产的具体使用情况和进展。对捐赠人知情权的保障，也是对慈善组织款物使用情况进行监督的一种重要机制。例如，某位演员曾以普通捐赠者的身份向某基金会查询相关信息，发现了"报表时间穿越""信息更新不及时""捐款数目变少""孩子出院后仍然募捐"等诸多问题，倒逼某基金会进一步完善信息公开和追溯机制，也给其他慈善组织提了个醒。

四是监督权。慈善组织违反捐赠协议约定的用途，滥用捐赠财产的，捐赠人有权要求其改正；拒不改正的，捐赠人可以向县级以上人民政府民政部门投诉、举报或者向人民法院提起诉讼。在慈善组织违约的情况下，慈善法的处理方式和民事法律是略有不同的，在民事法律中，法律赋予了当事人撤销权；而在慈善法中，法律并未赋予捐赠人以撤销权，这一点区别值得关注。依照慈善法第四十二条规定，慈善组织违反捐赠协议约定的用途，滥用捐赠财产的，捐赠人有权要求其改正，慈善组织拒不改正的，捐赠人可以向民政部门投诉、举报。投诉举报一般应当向该慈善组织的原登记机关提出，民政部门调查后认为投诉举报属实的，可以依法责令相关的慈善组织按捐赠协议履行义务。当然，捐赠人也可以直接向人民法院提起诉讼，起诉一般按照民事诉讼法规定的管辖权限和程序提起。民政部门或者人民法院可以主持将捐赠财产转移给宗旨相同或者相近的慈善组织,以确保捐赠目的的实现。但不能变更捐赠财产的性质和用途,不能撤销捐赠而向捐赠人返还财产。

48. 捐赠人可以申请电子捐赠票据吗?

财政部印发的《公益事业捐赠票据使用管理办法》规定,公益事业捐赠票据是会计核算的原始凭证,包括电子和纸质两种形式。电子票据和纸质票据具有同等法律效力,是财政、税务、审计、监察等部门进行监督检查的依据。捐赠票据也可作为捐赠人对外捐赠并根据国家有关规定申请捐赠款项税前扣除的有效凭证。

该办法要求各级财政部门应当积极推广运用公益事业捐赠电子票据,实现电子开票、自动核销、全程跟踪、源头控制。近年来,随着网络捐赠的兴起,开具发票的需求量越来越多,而以往开具捐赠票据需要捐赠人向慈善组织提出申请,慈善组织财务人员进行审核,再将纸质票据邮寄给捐赠人,对于小额捐赠,其票据成本、邮寄成本、人力成本经常难以覆盖捐赠金额,而且效率低下,过程漫长,捐赠人体验不佳,慈善组织负担较重。随着各地财政部门信息化建设的推进,部分地区的非税收入管理平台已经实现了和公益性社会组织、公益性事业单位的对接,可以在线开具公益事业捐赠统一票据（电子），实现了无纸化票据。目前，已经有很多慈善组织可以根据捐赠人的要求，在其完成捐赠支付后，第一时间将电子捐赠票据提供给捐赠人。同时，捐赠人可以在个人所得税综合所得年度汇算时，通过"个人所得税"应用程序（App）填写票据凭证号等相关信息，在线完成税前扣除申报，以获得个税抵扣。

49. 为什么捐赠人不得指定或变相指定其利害关系人作为受益人？

慈善法第四十条第一款规定："捐赠人与慈善组织约定捐赠财产的用途和受益人时，不得指定或者变相指定捐赠人的利害关系人作为受益人。"这一规定旨在保证慈善捐赠的公益属性，将捐赠的财物真正用于法律所规定的慈善事业，以免捐赠人假借慈善名义牟取私利。

我们在调研中曾发现，在许多地方，慈善组织接受的捐赠中，超过80%的捐赠都是定向捐赠，即捐赠者在捐赠时就已明确了受益对象或者捐赠款物使用方向。原则上，法律对此是不禁止的。但是，实践中也存在一些非正常现象，比如，一家企业向当地红十字会捐款50万元，但要求将这50万元定向用于救助本企业的困难职工及其家属；某企业老板向慈善组织捐赠一批医疗设备，但要求慈善组织将这批设备转赠给自己亲属经营的民营医院。对于此类捐赠，有的慈善组织感觉不好把握，不知是否应当接受捐赠，慈善法对此给予了明确的答案：不能。捐赠人与慈善组织约定捐赠财产的用途和受益人时，不得指定或者变相指定捐赠人的利害关系人作为受益人。

法律之所以规定不得指定或者变相指定捐赠人的利害关系人作为受益人，主要基于两个方面的考虑：第一，捐赠本身是一种公益事业，而指定利害关系人作为受益人，实际上就成为"私益"行为，这和慈善的公益属性相悖。第二，依据我国法律法规，公益性的捐赠可以依法享受税收等方面的优惠政策，如果某一捐赠既享受了国家的税收优惠政策，又使其利害关系人受益，就可能形成事实上的骗税行为。

关于变相指定受益人。新修改的慈善法在本条增加了不得"变相指定捐赠人的利害关系人作为受益人"，这一变动是为了规制个别捐赠人通过慈善捐赠，利用关联交易或者间接的利害关系谋取私利的情形。常见的"变相指定"一般有三种情形：一是利用执行方变相指定，捐赠企业与慈善组织签订捐赠协议，没有指定执行方和受益人，但通过所谓"捐赠人意愿"影响慈善组织，将项目委托给与其有关联的企业或社会组织执行，使其指定的受益人受益，比如，某医疗器械企业捐赠医疗器械给慈善组织开展医疗研究项目，要求慈善组织重点在某地区的某医院开展项目，但该医院和捐赠企业有长期合作关系。二是通过参与制订受益人选择标准和程序变相指定，捐赠人与慈善组织共同制订受益人选择标准，通过捐赠人的影响力将受益人选择标准按照指定受益人的情况"量身定制"，从而实现目的。比如，某基金会接受企业捐赠，开展快递员大病救助项目，在制订受益人选择标准时，捐赠企业对于快递员的基本情况进行了严格限定，使最终受益人多数为与本企业签约的快递员。三是通过复杂的关联关系变相指定，比如，甲基金会捐赠给乙基金会开展课题研究，乙基金会将课题委托给自己发起的一家社会服务机构，该社会服务机构再委托给某高校研究团队，高校研究团队聘用专家，其中有若干甲基金会的工作人员。此类"变相指定"较为复杂，有一定的隐蔽性，需要慈善组织和捐赠人秉持公益性原则，一方面参照本条以及其他有关法律法规建立"接收捐赠管理制度"，结合慈善组织自身情况对接收捐赠的基本原则，捐赠人"利害关系人"概念，接收捐赠的审核方式、审核程序、接收流程、具体要求、法律责任等，从制度上避免漏洞；另一方面应加强对捐赠伦理以及法律法规的学习，提升员工的规范意识，对于另有目的捐赠人加以规劝、引导，如发现确实违背慈善法、违反公益性的情形，应拒绝该笔慈善捐赠。

50. 为什么禁止利用慈善捐赠宣传烟草制品等事项？

为落实我国的控烟目标，避免利用慈善活动将烟草营销宣传合法化，慈善法第四十条第二款规定："任何组织和个人不得利用慈善捐赠违反法律规定宣传烟草制品，不得利用慈善捐赠以任何方式宣传法律禁止宣传的产品和事项。"

慈善法作出这一规定，主要目的在于落实联合国《烟草控制框架公约》的规定。对烟草的广告宣传早已为我国法律所禁止，广告法规定，禁止在大众传播媒介或者公共场所、公共交通工具、户外发布烟草广告；禁止向未成年人发送任何形式的烟草广告；禁止利用其他商品或者服务的广告、公益广告，宣传烟草制品名称、商标、包装、装潢以及类似内容。广告法还要求，烟草制品生产者或者销售者发布的迁址、更名、招聘等启事中，不得含有烟草制品名称、商标、包装、装潢以及类似内容。慈善法明确禁止利用慈善捐赠，违反法律规定宣传烟草制品，是对广告法有关规定的衔接和补充，也是积极履行《烟草控制框架公约》规定义务的体现。

《烟草控制框架公约》确定的几项重要原则是：禁止在公共场所、公共交通工具、室内工作场所、教育机构、卫生保健设施、向儿童提供服务的场所吸烟；全面禁止烟草广告、促销和赞助。《烟草控制框架公约》在我国生效已近10年，国际社会一直以来督促我国全面履约，要求我们在制定和修订相关法律时，应当将公约的有关规定转化为国内法。因此，社会各界不断呼吁，法律中应当明确规定，不仅要全面禁止所有的烟草广告，而且要禁止促销和赞助，这样有利于保护青少年身心健康。需要说明的是，《烟草控制框架公约》禁止的"烟草赞助"是指，目的、效果或可能的效果在于直接或间接地推销烟草制品或促进烟草使用的，对任何事件、活动或个人的任何形式的捐助。这一定义并没有绝对禁止烟草赞助，而是禁止烟草制品的生产者和销售者打着赞助的名义推销烟草制品。换句话说，如果不禁止烟草制品在慈善捐赠过程中的宣传，慈善捐赠将可能成为烟草及其制品宣传的重要渠道，这不仅不利于我国控烟工作的开展，也可能对《烟草控制框架公约》在我国的实施产生负面影响。

在立法过程中，有人主张应当全面禁止烟草捐赠和赞助行为。但是，各方未能就此达成共识，而且禁止烟草行业履行一些社会责任，也并非国际通行做法。因此，慈善法没有禁止烟草制品的生产者和销售者进行慈善捐赠，但明确规定"任何组织和个人不得利用慈善捐赠违反法律规定宣传烟草制品"。

51. 捐赠人不履行捐赠协议怎么办？

现实中，诺而不捐的现象在一些地方时有发生，如有的企业在慈善晚会上公开宣布将向灾区捐款 1000 万元，有的企业老板宣布为灾区援建多所学校，但时隔一年多都未有任何具体行动，这引发了社会各界广泛质疑，也给慈善事业发展造成了负面影响。为了避免类似情况发生，慈善法第四十一条第一款规定："捐赠人应当按照捐赠协议履行捐赠义务。捐赠人违反捐赠协议逾期未交付捐赠财产，有下列情形之一的，慈善组织或者其他接受捐赠的人可以要求交付；捐赠人拒不交付的，慈善组织和其他接受捐赠的人可以依法向人民法院申请支付令或者提起诉讼：（一）捐赠人通过广播、电视、报刊、互联网等媒体公开承诺捐赠的；（二）捐赠财产用于本法第三条第一项至第三项规定的慈善活动，并签订书面捐赠协议的。"慈善法第三条第一项至第三项规定的慈善活动包括：扶贫、济困；扶老、救孤、恤病、助残、优抚；救助自然灾害、事故灾难和公共卫生事件等突发事件造成的损害。

"捐赠人应当按照捐赠协议履行捐赠义务"，这是对捐赠人的一项原则性要求。诚信是慈善法第四条规定的开展慈善活动应当遵循的四项原则之一。捐赠人既然已经通过媒体公开承诺捐赠或者签订了捐赠协议，就应当言而有信，履行捐赠义务，不能随意变更、撤销，诺而不捐。捐赠人违反捐赠协议逾期未交付捐赠财产，有慈善法第四十一条第一款规定的两种情形之一的，慈善组织或者其他接受捐赠的人有权要求交付；捐赠人拒不交付的，慈善组织或者其他接受捐赠的人可以依法向人民法院申请支付令或者提起诉讼。

对于强制履行捐赠义务的规定，在立法过程中是有争议的：有的人提出，捐赠行为是单方法律行为，法律关系以物的交付为成立要件，物在交付之前，法律关系都不成立，强制要求承诺捐赠者履行义务与民法基本原理不符，建议对承诺后不履行的情况，通过当初公布于众的方式再向社会公开就可以，也就是把原来获得的美誉"擦拭"掉就可以。但也有人持完全相反的意见，认为需要进一步扩大强制履行捐赠义务的范围，避免有人钻空子，打着慈善旗号为自己谋私利。

立法者综合考虑各方面意见，本着既要讲诚信，又要从实际出发的精神，一方面，将"按照捐赠协议履行捐赠义务"作为对捐赠人的原则要求；另一方面，又充分考虑到现实中确有承诺捐赠以后经济状况显著恶化的情况，作出例外的规定。慈善法第四十一条第二款规定："捐赠人公开承诺捐赠或者签订书面捐赠协议后经济状况显著恶化，严重影响其生产经营或者家庭生活的,经向公开承诺捐赠地或者书面捐赠协议签订地的县级以上人民政府民政部门报告并向社会公开说明情况后,可以不再履行捐赠义务。"这样规定很好地体现了实事求是的原则,从长远看,有利于鼓励人们积极捐赠,投身慈善事业。

慈善信托

52. 什么是慈善信托，其特点有哪些？

慈善法第四十四条规定："本法所称慈善信托属于公益信托，是指委托人基于慈善目的，依法将财产委托给受托人，由受托人按照委托人意愿以受托人名义进行管理和处分，开展慈善活动的行为。"慈善信托属于公益信托，何谓公益信托？《中华人民共和国信托法》第六十条规定："为了下列公共利益目的之一而设立的信托，属于公益信托：（一）救济贫困；（二）救助灾民；（三）扶助残疾人；（四）发展教育、科技、文化、艺术、体育事业；（五）发展医疗卫生事业；（六）发展环境保护事业，维护生态环境；（七）发展其他社会公益事业。"

慈善信托最早起源于 13 世纪英国的慈善用益制度。1601 年，英国颁布《慈善用益法》，奠定了现代慈善信托的雏形。英国《2000 年受托人法》第三十九条规定，慈善信托是为了慈善目的而持有财产的信托。美国法律学会编纂的《信托法重述（第二版）》第三百四十八条将慈善信托定义为关于财产的信义关系，产生于一种设立信托的意图，使个人持有财产并承担衡平法上的义务，为慈善目的处分财产。从国外立法实践来看，慈善信托往往是作为慈善法律制度架构中的一项重要制度而被纳入慈善法典或相应的成文法中予以规定。我国慈善法也将慈善信托纳入进来，单设一章，并对慈善信托作了完整明确的定义。

第一，慈善信托的设立必须基于慈善目的，这是慈善信托最基本的特征。那么，慈善目的应当包含哪些内容？慈善法第三条规定，本法所称慈善活动，是指自然人、法人和其他组织以捐赠财产或者提供服务等方式，自愿开展的下列公益活动：（1）扶贫、济困；（2）扶老、救孤、恤病、助残、优抚；（3）救助自然灾害、事故灾难和公共卫生事件等突发事件造成的损害；（4）促进教育、科学、文化、卫生、体育等事业的发展；（5）防治污染和其他公害，保护和改善生态环境；（6）符合本法规定的其他公益活动。据此，慈善信托在开展活动时应基于以上慈善目的，任何组织和个人均不得对慈善信托财产私分、截留、侵占或挪用于其他用途。慈善法第三条所列六项涉及的范围或者领域与信托法第六十条的规定是基本一致的，所以，慈善法规定的慈善目的与信托法规定的公益目的也是基本一致的。

第二，慈善信托的受益人是非特定的，这是慈善信托区别于其他信托的一个重要特征。通常，民事或营业信托在设立时必须确定具体的受益人。而慈善信托的受益人则是不特定的，信托文件仅载明受益人的资格条件，由受托人根据所确定的条件选择确定，而不是由委托人在信托文件中具体指定。例如，某人设立一项慈善信托，目的是资助本地区低保家庭的学生，虽然受益人的范围是确定的，但最终获得信托利益的学生并非指定的。这样规定的目的主要是防止利益输送。当然，尽管受益人是不特定的，但委托人依然可以规定或者限定受益人的人数，甚至受益人享受的信托利益的数量。

第三，与其他信托相比，慈善信托的设立要求更为严格。一是设立程序更复杂。慈善信托除了和其他信托一样需要书面签订合同确定有关信托的各类事项以外，还需要受托人在信托文件签订之日起七日内将信托文件向受托人所在地县级以上人民政府民政部门备案。不进行备案的，不享受税收优惠。二是对受托人的要求更高。在一般的信托中，凡符合信托法规定的完全民事行为能力人或依法设立的法人组织，都可以成为受托人。慈善信托则由于涉及社会公益，所以对受托人的条件作了限制，委托人仅能指定其信赖的慈善组织或信托公司担任受托人。三是特别设置了监察人制度。由于慈善信托的受益人在获得信托受益权之前是非特定、不明确的，与委托人没有利害关系，因此民事或营业信托中受益人对受托人的监督在慈善信托中很难实现，为弥补受益人监督的"缺位"，慈善信托设置了信托监察人，对受托人管理信托的行为进行监督，保证慈善信托目的的实现。

第四，信托财产与委托人、受托人的固有财产相互独立。信托财产所有权与民法上的一般财产所有权不同。就一般财产而言，所有权人可以对财产进行占有、使用、处分和收益。而信托财产权的法律性质较为特殊，信托有效设立后，信托财产即从委托人的其他自有财产中分离出来，成为一项独立运作的财产，仅服务于信托目的。对委托人来说，其丧失了对信托财产的所有权，该信托财产不再属于其自有资产；对受托人来说，其可以对信托财产进行占有、处分，但是不享有收益；对受益人来说，其取得了信托收益的请求权。若委托人或受托机构解散、被撤销或破产，则信托财产不属于其清算或破产的财产，这样就能保障受益人不因委托人、受托人破产或发生债务而失去其享有的对该信托财产的权利。

总的来说，慈善信托既不同于捐赠、慈善财产使用等一般的慈善行为，也不同于具有完整组织结构的慈善组织。相较而言，慈善信托具有其他慈善组织形式难以比拟的制度优势。首先，慈善信托无须申请法人登记，也不需要专门的办公场所和独立的工作团队，运营成本低。其次，慈善信托财产独立性强，具有更多专业化的财产保值增值方式，更能实现捐赠人的意愿。我国的慈善事业还处于发展初始阶段，需要鼓励更多的民间力量，特别是先富群体参与进来。慈善信托会鼓励和吸引越来越多的富人做慈善。因此，在制度设计时，既设置完善、严格的慈善法人组织，又设置简便、灵活的慈善信托，就能各自发挥自身优势，更好地推动慈善事业发展。

53. 我国慈善信托的发展状况如何？

慈善法实施以来，我国慈善信托事业得到了一定程度的发展。根据《2023年度中国慈善信托发展报告》[①]统计的数据，截至2023年12月31日，我国慈善信托累计备案数量达1655单，累计备案规模首次突破65亿元，达65.20亿元。其中，2023年新增备案454单，比2022年多增62单；新增备案规模12.77亿元，较2022年增加1.37亿元。该报告显示，2023年我国慈善信托继续向好发展，主要表现在：

[①] 参见《〈2023年度中国慈善信托发展报告〉发布：慈善信托财产种类与模式实现新突破》，载中国信托业协会网站，http://www.xtxh.net/xtxh/industry/48923.htm，2024年7月25日访问。

一是慈善信托发展环境不断优化。2023年3月21日，原银保监会印发的《关于规范信托公司信托业务分类的通知》为公益慈善信托的发展提供了有力支持。根据该通知，信托业务被分为公益慈善信托、资产服务信托、资产管理信托三大类。2023年12月29日，第十四届全国人民代表大会常务委员会第七次会议表决通过《关于修改〈中华人民共和国慈善法〉的决定》，慈善法对社会关切的问题做出回应，就慈善信托的纯公益性、年度支出和管理费用标准、税收优惠、信息公开、监督管理等方面作了补充完善，将为慈善信托健康规范发展提供更加有力的法治保障。

二是慈善信托财产种类与模式取得突破。在慈善信托种类方面，2023年，非货币财产设立慈善信托取得突破性进展。2023年落地了全国首单不动产慈善信托，并进行了我国首单不动产慈善信托财产登记；同时，出现了我国首个以著作权收益权作为慈善信托财产追加进入慈善信托的创新实践。

在慈善信托模式方面，基于捐赠人建议基金（DAF）模式的慈善信托在国内实现了突破创新，国内首个基于DAF模式的慈善信托发布。中国慈善联合会慈善信托委员会负责人称，该模式的创新点之一在于捐赠人可自主在慈善项目库中筛选慈善项目，更好地体现其捐赠意愿，进一步提高公益慈善的透明度，有效提升捐赠人的参与度和积极性。

三是慈善信托目的更趋多元化。2023 年,慈善信托关注的慈善领域进一步拓展,首次覆盖了一些特定的细分领域和群体,主要包括:一是关注现代社区建设和发展,2023 年共成立了 8 单此类慈善信托。二是关注单亲妈妈群体,如"中航信托·大爱悦心慈善信托"是我国首单聚焦单亲妈妈群体的慈善信托。三是关注骑手群体。2023 年 7 月 3 日,"快先森骑手爱心互助慈善信托"完成备案,为遭遇意外、疾病身故以及重大伤残、重大疾病的骑手提供资助,同时设立"骑手见义勇为奖"和"骑手安全知识学堂"。此外,2023 年设立的慈善信托还关注防范非法金融风险,通过设立慈善信托,汇集社会更多资源和力量支持"防非处非"工作,助力提升公众防范非法集资意识。

四是慈善信托社会影响显著提升。慈善信托积极开展慈善项目的资助和运作,通过因地制宜的资助方式和长期持续的项目运营,最大限度地发挥慈善信托财产的社会价值,在服务国家战略、助力乡村振兴方面取得显著成果并越发受到社会各界的关注和认可。

54. 如何设立慈善信托?

(1)签订信托文件

根据慈善法第四十五条第一款的规定,设立慈善信托,首先要签订信托文件。设立信托的行为主要包括合同和遗嘱。目前设立慈善信托主要采取合同的方式。委托人通过合同设立慈善信托的，应先由委托人向其信赖的受托人提出信托意向，双方达成初步合意后，签订书面的信托文件，信托文件应载明下列事项：信托目的；委托人、受托人的姓名或者名称、住所；受益人的范围或者确定受益人的方式；信托财产的范围、种类及状况；受益人取得信托利益的形式、方法。如果委托人根据需要确定了监察人的，也应在文件中载明。除前款所列事项外，信托文件还可以明确信托期限、信托财产的管理方法、受托人的报酬、新受托人的选任方式、信托终止事由等事项。

目前，我国慈善相关法律对以遗嘱方式设立慈善信托的规范不够充分，通过遗嘱设立慈善信托会面临比较多的操作难题。慈善法中没有特别提及遗嘱慈善信托。《民政部 中国银行业监督管理委员会关于做好慈善信托备案有关工作的通知》第二条、《慈善信托管理办法》第十三条、第十四条和《北京市慈善信托管理办法》第七条虽然都提及了遗嘱信托，但是这些法律规范都是以合同方式设立信托为中心，就设立遗嘱慈善信托所要面临的特殊问题没有作出规定。

遗嘱信托不同于合同信托。委托人不需要和受托人磋商，所以缺乏委托人和受托人的磋商过程；遗嘱信托生效之时委托人已经死亡，缺乏执行信托、将信托财产转让给受托人的委托人，更缺乏委托人对受托人的监督。

遗嘱慈善信托更不同于私益信托，不存在特定的受益人，所以，信托法所规定的需要受益人参加的选任、变更和监督受托人的规则，以及追究受托人责任的规则，就根本不具有可操作性。这些因素都导致遗嘱慈善信托的设立和执行面临重重障碍。这需要以后在制定慈善信托相关配套规定时加以研究并作出规定。

（2）履行备案程序

与其他信托相比，慈善信托的设立有特殊要求，即要履行备案程序。

备案要求是2016年的慈善法确定的新规则，此前信托法要求公益信托的设立和确定其受托人，应当经有关公益事业的管理机构批准。慈善法做这样的制度设计，主要是考虑到充分发挥慈善信托设立简便、机制灵活的特点，不再采用批准设立这种较为严格的设立程序，并将慈善信托的管理机构明确为民政部门。通过简化程序，鼓励更多社会力量利用慈善信托这种形式参与慈善事业。

根据《民政部、中国银行业监督管理委员会关于做好慈善信托备案有关工作的通知》和《慈善信托管理办法》的规定，慈善信托设立备案的具体程序如下：

其一，关于备案时间要求和备案管辖。

完成信托文件的签订以后，受托人应当在慈善信托文件签订之日起七日内，将相关文件向受托人所在地县级以上人民政府民政部门备案。

信托公司担任受托人的，由其登记注册地设区市的民政部门履行备案职责；慈善组织担任受托人的，由准予其登记或予以认定的民政部门履行备案职责。

同一慈善信托有两个或两个以上的受托人时，委托人应当确定其中一个承担主要受托管理责任的受托人按照本章规定进行备案。备案的民政部门应当将备案信息与其他受托人所在地的县级以上人民政府民政部门共享。

其二，关于需提交的备案资料。

慈善信托受托人按照慈善法规定向民政部门提出备案申请的，应提交以下书面材料：

A. 备案申请书。

B. 委托人身份证明（复印件）。

C. 担任受托人的信托公司的金融许可证或慈善组织的社会组织法人登记证书（复印件）。

D. 信托合同、遗嘱或者法律、行政法规规定的其他书面信托文件。信托文件至少应载明以下内容：（a）慈善信托的名称；（b）慈善信托的慈善目的；（c）委托人、受托人的姓名、名称及其住所；（d）不与委托人存在利害关系的不特定受益人的范围；（e）信托财产的范围、种类、状况和管理方法；(f) 受益人选定的程序和方法；(g) 信息披露的内容和方式；(h) 受益人取得信托利益的形式和方法；(i) 受托人报酬；(j) 如设置监察人，监察人的姓名、名称及其住所。

E. 开立慈善信托专用资金账户证明、商业银行资金保管协议。

F. 其他材料。

以上材料一式四份，提交民政部门指定的受理窗口。

其三，关于回执和补正。

申请备案材料符合要求的，由民政部门当场出具备案回执；不符合要求的，应当一次性告知受托人补正相关材料。

其四，关于信托公司的报告或产品登记义务。

信托公司新设立的慈善信托项目应当按照监管要求及时履行报告或产品登记义务（《慈善信托管理办法》第二十二条）。

其五，关于信托财产的保管。

对于资金信托，应当委托商业银行担任保管人，并且依法开立慈善信托资金专户；对于非资金信托，当事人可以委托第三方进行保管（《慈善信托管理办法》第二十八条）。

(3) 备案的意义

备案是慈善信托享受税收优惠的必要要件。慈善法第四十五条第二款规定，设立的慈善信托未按照法律规定将相关文件报民政部门备案的，不享受税收优惠。

不备案的，不能以慈善信托的名义开展活动。如果该信托符合一般信托的生效要件，可以作为一般信托发生法律效力。

55. 指定慈善信托受益人有什么禁止性规定？

慈善法第四十六条规定："慈善信托的委托人不得指定或者变相指定其利害关系人作为受益人。慈善信托的受托人确定受益人，应当坚持公开、公平、公正的原则，不得指定或者变相指定受托人及其工作人员的利害关系人作为受益人。"此条是慈善法修正新增加的条款。

根据这一条的规定，首先，慈善信托的委托人不得指定或者变相指定其利害关系人作为受益人。其次，慈善信托的受托人不得指定或者变相指定自己的利害关系人作为受益人。最后，慈善信托的受托人不得指定或者变相指定受托人的工作人员的利害关系人作为受益人。

在信托法中，受托人不得向自己的利害关系人输送利益，是其忠实义务的应有之义。所以，慈善信托的受托人确定受益人，应当坚持公开、公平、公正的原则，不得指定或者变相指定受托人及其工作人员的利害关系人作为受益人。

在慈善信托的场景下，忠实义务产生了新的内涵：受托人不仅不能向自己的利害关系人输送利益，更不能向委托人的利害关系人输送利益。所以，慈善信托的委托人不得指定或者变相指定其利害关系人作为受益人。

实际上，任何对慈善信托的管理和运作有影响力的个人和组织，都不得向自己的利害关系人输送利益。在慈善信托中，受托人不能以听从委托人的指示为由向委托人的利害关系人输送利益。理由在于：有权指定或者确定受益人的，有时并非委托人或者受托人。

信托文件中可以约定保护人、项目执行人、慈善顾问等角色行使相关的职能。可能和慈善信托（公共利益）产生利害冲突的不仅是委托人和受托人，监察人、保护人、项目执行人等主体都因其对慈善信托的影响力而可能产生利害关系。

56. 谁可以担任慈善信托受托人？

关于慈善信托的受托人，慈善法第四十七条规定："慈善信托的受托人，可以由委托人确定其信赖的慈善组织或者信托公司担任。"受托人是指因接受委托人委托对信托财产进行管理或处分以为他人谋求利益的人。受托人是委托人信任的人,他实际控制信托财产,承担着依信托目的管理、处分信托财产的责任,在信托关系中处于核心地位。因此,受托人的资格、权利和义务也是慈善信托法律规范的重点内容。与之前信托法的规定相比,慈善法对慈善信托受托人的资格限制更为明确。信托法规定"受托人应当是具有完全民事行为能力的自然人、法人"。其中,公益信托一章并未对受托人资格作其他规定,仅要求确定其受托人,应当经有关公益事业的管理机构批准。因此,公益信托受托人可以是自然人或法人,但实践中,设立的公益信托基本都是由信托公司管理。

慈善法对慈善信托受托人资格作出限制主要基于以下考虑:首先,慈善信托在我国刚刚起步,实践经验还不够,受托人的范围尚不宜过宽。目前个人信用体系尚不健全,出于保障委托人财产安全和受益人权益的考虑,慈善法未把自然人列为慈善信托的受托人。其次,从实践来看,信托公司作为专业进行信托管理的机构,具有很强的资产管理能力,能最大限度地保证慈善信托财产的安全和增值,防止不必要的资金运营亏损。因此,慈善法将信托公司列为慈善信托受托人。但同时,考虑到信托公司在开展慈善活动方面相对欠缺专业性,为了使慈善信托能发挥更大的社会效益、实现良好的社会公益目的,将慈善组织也列为慈善信托受托人。慈善组织(尤其是基金会)在我国拥有广泛的社会基础,已经成为公众心目中进行救灾扶贫等捐助活动的首选。因此,明确由慈善组织或者信托公司为受托人,可以充分发挥二者各自的优势。

在实践中,已经出现了多例以信托公司和慈善组织共同作为受托人的双受托人模式的慈善信托。比较典型的例子是"顺德社区慈善信托",该信托设立于2017年,初始规模4.92亿元,采用双受托人模式,中信信托负责资产管理,广东省和的慈善基金会负责项目管理。顺德社区慈善信托采用本金不动,投资收益支持顺德社区公益慈善事业的永续模式,每年收益分配至执行人德胜社区慈善基金会,全面支持顺德扶贫、济困、教育、养老、社区发展等慈善需求。①

57. 慈善信托受托人有哪些义务,违反法定义务应承担什么法律责任?

慈善法第四十九条规定:"慈善信托的受托人管理和处分信托财产,应当按照信托目的,恪尽职守,履行诚信、谨慎管理的义务。慈善信托的受托人应当根据信托文件和

---

① 参见《顺德社区慈善信托》,载中华人民共和国民政部网站,https://www.mca.gov.cn/zt/n1096/n1108/n1111/c1662004999979992477/content.html,2024年7月25日访问。

委托人的要求，及时向委托人报告信托事务处理情况、信托财产管理使用情况。慈善信托的受托人应当每年至少一次将信托事务处理情况及财务状况向办理其备案的民政部门报告，并向社会公开。"根据此条规定以及慈善法和信托法的相关规定，慈善信托的受托人应当履行以下义务：

第一，诚信、谨慎地管理和处分信托财产。信托文件作为委托人和受托人签订的合同，可以对受托人如何管理和处分信托财产进行具体的约定。但受托人在管理信托财产时还应当遵循一些法定的基本原则。因此，慈善法第四十九条规定，受托人在管理和处分信托财产时，应当按照信托目的，恪尽职守，履行诚信、谨慎管理的义务。

首先，受托人应当严格按照信托目的管理和处分信托财产。也就是说，信托目的是衡量受托人处理信托事务的基准，受托人作出的任何与信托有关的行为都必须遵守信托的宗旨即委托人设立信托的目的。一旦受托人的行为脱离了信托目的的约束即视为违反信托义务。

其次，受托人应当本着诚信的原则（忠实义务）管理和处分信托财产。具体表现为：一是受托人除依照法律规定取得报酬外，不得利用信托财产为自己谋取利益；二是受托人不得将信托财产转为其固有财产；三是受托人不得将其固有财产与信托财产进行交易或者将不同委托人的信托财产进行相互交易，但信托文件另有规定或者经委托人或者受益人同意,并以公平的市场价格进行交易的除外。《慈善信托管理办法》第三十二条还特别规定:"委托人、受托人及其管理人员不得利用其关联关系,损害慈善信托利益和社会公共利益,有关交易情况应当向社会公开。"

最后,受托人应当本着谨慎的原则管理和处分信托财产。委托人将财产交付信托,是基于对受托人的信赖。受托人正是基于这种信赖对信托财产进行管理和处分,因此,受托人必须以最大限度的善意、健全的判断力以及认真谨慎的态度来处理信托事务,换言之,要以与处理自己事务时相同的谨慎态度来处理信托事务。比如,信托财产面临损毁的危险时,受托人应立即采取适当的保护措施;第三人侵害信托财产时,受托人应采取诉讼或其他适当的保全措施。《慈善信托管理办法》第三十条还对慈善财产的投资运用做了特别的规定:"慈善信托财产运用应当遵循合法、安全、有效的原则,可以运用于银行存款、政府债券、中央银行票据、金融债券和货币市场基金等低风险资产,但委托人和信托公司另有约定的除外。"

第二,信托事务的报告和公开义务。慈善信托的受托人应当根据信托文件和委托人的要求,及时向委托人报告信托事务处理情况和信托财产管理使用情况;并应每年至少一次将信托事务处理情况及财务状况向其备案的民政部门报告,并向社会公开;对所管理的不同慈善信托财产分别管理、分别记账；编制慈善信托财务会计报告并按要求提交、公布；保存慈善信托财产管理业务活动的记录、账册、报表和其他相关资料。《慈善信托管理办法》第三十五条还明确要求，受托人应当妥善保存管理慈善信托事务的全部资料，保存期自信托终止之日起不少于十五年。

在慈善信托关系中，能对受托人进行监督的主体比较少。所以，慈善法还特别强调了受托人的报告和公开义务。

第三，禁止受托人借慈善信托名义从事非法活动。《慈善信托管理办法》第三十四条规定，慈善信托的受托人应严格按照有关规定管理和处分慈善信托财产，不得借慈善信托名义从事非法集资、洗钱等活动。

第四，备案义务。主要有两种情形：一是受托人应当在信托文件签订之日起七日内将信托文件向受托人所在地县级以上人民政府民政部门备案。二是慈善信托的委托人变更受托人的，变更后的受托人应当自变更之日起七日内将变更情况报原备案的民政部门重新备案。

此外，根据慈善法第五十一条以及信托法的相关规定，慈善信托终止时，受托人还须履行下列义务：（1）将终止事项报告备案的民政部门。信托法规定，公益信托终止的，受托人应当于终止事由发生之日起十五日内，将终止事由和终止日期报告公益事业管理机构。慈善法明确了县级以上各级人民政府民政部门主管本行政区域的慈善工作。因此，受托人应当在慈善信托终止事由发生之日起十五日内，将终止事由和终止日期报告原备案的民政部门。（2）作出清算报告报民政部门核准并予以公告。信托法规定，受托人在信托终止时须就处理过的信托事务的内容对受益人或者信托财产权利归属人提出清算报告，清算报告须经信托监察人认可后，报民政部门核准，并由受托人向社会公告。（3）对剩余信托财产作近似目的处理。信托法规定，公益信托终止，没有信托财产权利归属人或者信托财产权利归属人是不特定的社会公众的，经公益事业管理机构批准，受托人应当将信托财产用于与原公益目的相近似的目的，或者将信托财产转移给具有近似目的的公益组织或者其他公益信托。慈善信托属于公益信托，当慈善信托终止时，受托人应遵循近似目的原则处理信托财产。

　　慈善信托的受托人违反法律规定，不履行或者不当履行法定义务，应依法承担相应的法律责任。慈善法第一百一十八条规定："慈善信托的委托人、受托人有下列情形之一的，由县级以上人民政府民政部门责令限期改正，予以警告，并没收违法所得；对直接负责的主管人员和其他直接责任人员处二万元以上二十万元以下罚款：（一）将信托财产及其收益用于非慈善目的的；（二）指定或者变相指定委托人、受托人及其工作人员的利害关系人作为受益人的；（三）未按照规定将信托事务处理情况及财务状况向民政部门报告的；（四）违反慈善信托的年度支出或者管理费用标准的；（五）未依法履行信息公开义务的。"根据慈善法第一百二十一条的规定，慈善信托的受托人违反慈善法规定，构成违反治安管理行为的，由公安机关依法给予治安管理处罚；构成犯罪的，依法追究刑事责任。

58. 慈善信托监察人有哪些职责？

慈善法第五十条规定："慈善信托的委托人根据需要，可以确定信托监察人。信托监察人对受托人的行为进行监督，依法维护委托人和受益人的权益。信托监察人发现受托人违反信托义务或者难以履行职责的，应当向委托人报告，并有权以自己的名义向人民法院提起诉讼。"

慈善信托监察人，是指由委托人根据需要指定的、依照法律和慈善信托文件的规定监督受托人管理信托事务、维护委托人和受益人的合法权益的人。在民事或营业信托中，受益人是确定的，受益人可以亲自监督受托人行为以保护自己的权益。但是，慈善信托的受益人在享受信托受益权之前，并不具有明确的受益人身份，不能以受益人身份监督慈善信托的实施。因此，出于保护受益人的需要，设置信托监察人制度，由第三人代替受益人对受托人进行监督，以维护受益人的合法权益，确保信托确定的慈善目的得以实现。慈善法在设置监察人的程序上，充分尊重委托人的意愿，慈善信托是否设置监察人完全取决于委托人的意思表示，改变了之前信托法规定的监察人须由信托文件规定或由公益事业管理机构指定。

关于慈善信托监察人的职责，慈善法对信托法中的规定作了补充和完善，可归纳为两个方面：一是对受托人的行为进行监督，依法维护委托人和受益人的权益。这可以理解为信托监察人有权对受托人作出的任何与信托有关的行为进行全面监督。比如，有权了解信托财产的管理、处分情况，并要求受托人作出说明；有权查阅、抄录或者复制与信托财产有关的信托账目以及处理信托事务的其他文件；一旦发现受托人有关信托财产报告或者账目存在有隐瞒、虚假等情况时，信托监察人有权提出异议。二是发现受托人违反信托义务或者难以履行职责的，应当向委托人提出，并有权以自己的名义提起诉讼。由于监察人是作为监督第三方参与在慈善信托的关系中，他不能直接对受托人采取解任、处罚等措施，因此法律赋予其救济权，或向委托人提出，或向人民法院提起诉讼。由于监察人不是委托人的代理人，而慈善信托受益人又是非特定的公众，所以监察人既不能以委托人的名义，也不能以受益人的名义提起诉讼，须以自己的名义向法院提起诉讼。

总的来说，慈善法和信托法对监察人职责的规定还比较原则，有待在今后的配套法规规章中作出具体规定，增强可操作性。

59. 如何处理慈善法与信托法的关系？

根据慈善法第四十四条的规定，慈善信托属于公益信托。因此，信托法有关公益信托的规定适用于慈善信托。但是，慈善法中慈善信托一章与信托法中公益信托一章内容存在交叉，这样就面临一个前法与后法的关系处理问题。就此，慈善法第五十一条规定："慈善信托的设立、信托财产的管理、信托当事人、信托的终止和清算等事项，本章未规定的，适用本法其他有关规定；本法未规定的，适用《中华人民共和国信托法》的有关规定。"

要厘清这个问题，首先需要明确两法有哪些内容存在交叉与不同。

第一，监管机构。

信托法第六十二条规定，公益信托的设立和确定其受托人，应当经有关公益事业的管理机构（以下简称公益事业管理机构）批准。在实践中，由于公益事业管理机构不明确，使得公益信托的设立存在障碍，难以发展壮大。慈善法第四十五条规定，受托人应当在慈善信托文件签订之日起七日内，将相关文件向受托人所在地县级以上人民政府民政部门备案。这样就明确了慈善信托的行政主管机关是民政部门。

根据《慈善信托管理办法》第六条的规定，国务院银行业监督管理机构及其派出机构（目前为金融监管总局及其派出机构）和民政部门一起，根据各自法定职责对慈善信托实施监督管理，即金融监管总局及其派出机构也是慈善信托的监管机构。

第二，设立程序。

信托法要求设立公益信托都应当经公益事业管理机构批准，未经公益事业管理机构的批准，不得以公益信托的名义进行活动。慈善法降低了设立门槛，要求受托人在信托文件签订之日起七日内将相关文件向受托人所在地县级以上人民政府民政部门备案即可。

第三，税收优惠和其他促进措施。

信托法没有对公益信托规定任何税收优惠措施，这是导致公益信托在实践中发展不佳的一个重要原因。根据慈善法第四十五条第二款"未按照前款规定将相关文件报民政部门备案的，不享受税收优惠"的规定，依法向民政部门备案的慈善信托，可获得享受税收优惠的资格。

新修正的慈善法第八十八条进一步规定："自然人、法人和非法人组织设立慈善信托开展慈善活动的，依法享受税收优惠。"而且，慈善法第八十五条第二款规定："国家对慈善事业实施税收优惠政策,具体办法由国务院财政、税务部门会同民政部门依照税收法律、行政法规的规定制定。"这些条文都使得慈善信托税制的建立有了明确的法律基础。

另外,根据《慈善信托管理办法》规定,信托公司开展慈善信托业务免计风险资本,免予认购信托业保障基金。地方各级人民政府还可能根据经济社会发展情况,制定和出台促进慈善信托事业发展的政策和措施。(《慈善信托管理办法》第四十五条、第四十六条)

第四,受托人范围与选任。

信托法规定"受托人应当是具有完全民事行为能力的自然人、法人"。但公益信托一章并未专门对公益信托受托人资格作出规定,只规定公益信托受托人的确定、辞任、变更都须经过公益事业管理机构批准。慈善法第四十七条则对受托人的范围作了明确规定:"慈善信托的受托人,可以由委托人确定其信赖的慈善组织或者信托公司担任。"

第五,监察人的选任及职责。

信托法规定公益信托应当设置信托监察人。信托监察人由信托文件规定,信托文件未规定的,由公益事业管理机构指定。慈善法则放松了限制,规定慈善信托的委托人根据需要,可以确定信托监察人。即设置监察人不是硬性要求,设与不设,委托人有自主决定权。在监察人的职责方面，慈善法相较于信托法也有不同规定。一是信托法要求受托人应当至少每年一次作出信托事务处理情况及财产状况报告，经信托监察人认可后，报公益事业管理机构核准，并由受托人予以公告。慈善法则不再要求报告需经监察人认可。二是慈善法更加明确了信托监察人在发现受托人违反信托义务或者难以履行职责的，应当向委托人报告，并有权以自己的名义向人民法院提起诉讼。

第六，慈善信托的终止。

慈善法对慈善信托的终止未作出明确规定，根据第五十一条，应当适用信托法的有关规定，而信托法并没有对慈善信托的终止条件作出特别规定，理论上应当适用关于信托终止的一般规定，即信托法第五十三条的规定："有下列情形之一的，信托终止：（一）信托文件规定的终止事由发生；（二）信托的存续违反信托目的；（三）信托目的已经实现或者不能实现；（四）信托当事人协商同意；（五）信托被撤销；（六）信托被解除。"但是，因慈善信托的特殊性，上述终止事由的第四项、第五项、第六项能否自动适用于慈善信托，值得进一步讨论。

信托法规定，公益信托终止的，受托人应当于终止事由发生之日起十五日内，将终止事由和终止日期报告公益事业管理机构。而由于慈善法明确了民政部门是慈善信托的备案机关，因此受托人应当在慈善信托终止事由发生之日起十五日内,将终止事由和终止日期、剩余信托财产处分方案和有关情况报告备案的民政部门。

此外,根据慈善法和《慈善信托管理办法》规定,慈善信托终止的,受托人应当在三十日内作出处理慈善信托事务的清算报告,向办理其备案的民政部门报告后,由受托人予以公告。慈善信托若设置信托监察人,清算报告应事先经监察人认可。

公益信托终止,没有信托财产权利归属人或者信托财产权利归属人是不特定的社会公众的,经民政部门批准,受托人应当将信托财产用于与原公益目的相近似的目的,或者将信托财产转移给具有近似目的的公益组织或者其他公益信托。慈善信托属于公益信托,当慈善信托终止时,受托人应遵循近似目的原则处理信托财产。

总的来说,对于前法和后法规定不完全一致的条款,在法律适用上应当如何处理,按照立法法关于上位法优于下位法、特别法优于一般法、新法优于旧法的原则,新的规定与旧的规定不一致的,适用新的规定。由于信托法出台在前,慈善法出台在后,因此,上述信托法与慈善法规定不一致的地方,应当适用慈善法的规定。

慈 善 财 产

60. 慈善组织的财产有哪些，其财产权有什么特征？

慈善法第五十二条对慈善组织的财产来源作了规定："慈善组织的财产包括：（一）发起人捐赠、资助的创始财产；（二）募集的财产；（三）其他合法财产。"从这一规定可以看出，慈善组织的财产主要有三类：一是慈善组织设立时从发起人处获得的捐赠、资助的创始财产；二是设立后从社会或者他人处募集获得的捐赠财产；三是其他合法财产，包括本组织会员缴纳的会费、政府购买服务的资金、保值增值的财产以及通过提供服务或出租出售资产获取收入等。在表现形态上，慈善组织的财产包括货币、实物、房屋、有价证券、股权、知识产权等有形和无形财产。

慈善组织的财产权具有下列特征：

一是慈善组织对其财产的所有权受到一定限制。慈善法第五十六条规定："慈善组织开展慈善活动，应当依照法律法规和章程的规定，按照募捐方案或者捐赠协议使用捐赠财产。慈善组织确需变更募捐方案规定的捐赠财产用途的，应当报原备案的民政部门备案；确需变更捐赠协议约定的捐赠财产用途的，应当征得捐赠人同意。"根据慈善法第五十五条规定，慈善组织为实现财产保值、增值进行投资的，投资取得的收益应当全部用于慈善目的。政府资助的财产和捐赠协议约定不得投资的财产，不得用于投资。慈善组织的财产在管理使用上，既要符合本组织的宗旨，又要符合募捐方案的规定或者捐赠协议的约定，不得随意使用、处分。所以，其财产权利可以定性为受到限制的所有权。

二是慈善组织的财产具有社会公共财产的属性。从财产来源看，慈善组织的创始财产来自捐赠，而不是投资，不同于公司由股东共同投资设立，任何组织和个人（包括创始财产的提供者）对慈善组织都不享有股东权利。从财产目的来看，慈善组织以开展慈善活动为宗旨，受益人应当是不特定的社会公众，在某种意义上也可以说慈善组织是代表广大社会公众管理和使用财产。基于慈善财产权这种特殊性，公益事业捐赠法规定，公益性社会团体受赠的财产及其增值为社会公共财产。慈善法虽然没有明确慈善组织财产的性质，但其社会公共属性是不能抹杀的。

三是慈善组织的财产不分配、不返还。基于慈善组织的非营利性，慈善组织的财产不分配、不返还，要自始至终用于慈善目的。首先是不分配。根据慈善法第五十三条的规定，慈善组织的财产不得在发起人、捐赠人以及慈善组织成员中分配，任何组织和个人也不得私分、挪用或者侵占慈善财产。捐赠人向慈善组织进行捐赠、会员向慈善组织缴纳会费，是所有权的完全转移，不享有从该财产上受益的权利；理事代表公众利益来承担财产的管理使用职责，也不能从慈善组织的财产上获得收益。其次是不返还。根据慈善法第五十八条的规定，慈善项目终止后捐赠财产有剩余的，按照募捐方案或者捐赠协议处理；募捐方案未规定或者捐赠协议未约定的，慈善组织应当将剩余财产用于目的相同或者相近的其他慈善项目，并向社会公开。根据慈善法第十八条第三款的规定，慈善组织清算后的剩余财产，应当按照慈善组织章程的规定转给宗旨相同或者相近的慈善组织；章程未规定的，由办理其登记的民政部门主持转给宗旨相同或者相近的慈善组织，并向社会公告。

61. 慈善组织财产管理有哪些义务和要求？

慈善组织如何管理和使用慈善财产，发挥慈善财产的最大效用，是当前社会普遍关注的问题之一。慈善组织财产管理既要符合财产管理的一般要求，也要遵守慈善法的特殊规定。慈善法第五十四条规定："慈善组织对募集的财产，应当登记造册，严格管理，专款专用。捐赠人捐赠的实物不易储存、运输或者难以直接用于慈善目的的，慈善组织可以依法拍卖或者变卖，所得收入扣除必要费用后，应当全部用于慈善目的。"根据此条规定，慈善组织财产管理要做到以下三点：

一是要登记造册，财产的流入流出要全部进行记录。按照会计法和财政部颁布的《民间非营利组织会计制度》《〈民间非营利组织会计制度〉若干问题的解释》等规范性文件规定，慈善组织必须根据实际发生的经济业务事项进行会计核算，填制会计凭证，登记会计账簿，编制财务会计报告。对于现金资产，应当按照实际收到的金额及时如实入账；对于非现金资产，如接受捐赠的短期投资、存货、长期投资、固定资产和无形资产等，应当按照国家有关规定，依据有关凭据或公允价值入账。对于无法可靠计量公允价值的财产，如文物文化资产、无形资产等，应当设置辅助账，单独登记，并在会计报表附注中披露；劳务捐赠也难以确认价值，一般不直接入账，但也应当在会计报表附注中做相关披露。

二是要严格管理，建立必要的制度并严格加以执行。慈善组织要依据章程和捐赠协议的约定来管理财产，为了便于执行，应当按照章程规定的原则和程序进一步制定具体的制度。关于会计和内控制度,《民间非营利组织会计制度》有明确规定,慈善组织应当"根据国家有关法律、行政法规和内部会计控制规范,结合本单位的业务活动特点,制定相适应的内部会计控制制度,以加强内部会计监督,提高会计信息质量和管理水平。"慈善组织要按照有关规定建立健全现金收支管理制度。接受非现金捐赠的慈善组织,要建立相应的管理制度,要对非现金捐赠进行验收确认,登记入账,要施行实质性的管理控制,不能未经慈善组织履行必要的接收、审批和发放程序就由捐赠人直接转移给受益人或者其他第三方。同时,在资产管理、项目管理、绩效管理等制度中都要充分体现对慈善财产的保护。

三是对特定实物可以出售、变现、保管。捐赠人捐赠的实物不易储存、运输或者难以直接用于慈善目的的,慈善组织可以依法拍卖或者变卖,所得收入属于慈善财产,要按照规定妥善保管。对实物进行拍卖的,要严格遵守拍卖法的有关规定。拍卖或者变卖实物所得收入扣除必要费用(如拍卖费用等)后,应当全部用于慈善目的。

62. 慈善组织实现财产保值增值的途径有哪些,其投资应当遵循什么要求?

慈善法第五十五条规定:"慈善组织为实现财产保值、

增值进行投资的，应当遵循合法、安全、有效的原则，投资取得的收益应当全部用于慈善目的。慈善组织的重大投资方案应当经决策机构组成人员三分之二以上同意。政府资助的财产和捐赠协议约定不得投资的财产，不得用于投资。慈善组织的负责人和工作人员不得在慈善组织投资的企业兼职或者领取报酬。前款规定事项的具体办法，由国务院民政部门制定。"

慈善组织投资，既关系到慈善目的的实现和慈善组织可持续发展，又涉及税收优惠和市场公平竞争，事关重大，须慎重对待。在慈善立法过程中，是否允许慈善组织投资经营是个有争议的问题。部分国家允许慈善组织通过投资来保值、增值，如英国慈善法规定，慈善组织收入规模过大的，必须剥离一定资产成立基金会来进行投资；日本《公益社团法人及公益财团法人认定法》规定，慈善组织可以投资经营，对其经营业务分类实施税收减免优惠措施，但投资经营不得妨碍公益目的的实现。我国公益事业捐赠法和《基金会管理条例》都规定，基金会应当按照合法、安全、有效的原则实现基金的保值、增值。实践中，我国基金会既有采用传统的办法来保值、增值的，如银行存款等，也有一些开展了投资经营。慈善法根据我国慈善事业发展需要，第一次从法律上明确规定慈善组织可以投资，这对于壮大慈善组织、发展慈善事业具有重要意义。

对慈善组织而言,其财产保值、增值在实践中主要有以下五种情形:一是银行存款、购买国债等基本的保值行为;二是直接投资企业或房地产等主动的投资行为;三是委托金融机构进行股票、企业债券、基金等间接投资;四是企业向慈善组织捐赠股权、房产等,慈善组织因受赠股权、房产等形成的被动投资;五是慈善组织利用自有资源直接开展一些经营行为获取利润,如出租房产、变卖捐赠物资、提供有偿服务等。

允许慈善组织对财产保值、增值,可以使慈善组织不单纯依靠捐赠,有了自我造血机能,从而更好地实现可持续发展,有利于慈善目的的实现。捐赠人向慈善组织捐赠股权、房产等,也能够使得慈善组织获得相对稳定的收入来源。但是,慈善组织不是一般意义上的投资主体,不能因开展保值、增值活动而影响慈善宗旨的实现、捐赠协议的履行、受益人和公众的利益。慈善组织的保值、增值活动必须符合慈善组织的本质属性,必须受到约束。为此,慈善法对慈善组织的投资作了若干限制性规定,将慈善组织的投资经营与一般市场主体的投资经营行为区别开来。一是规定了基本原则,即运作要合法、安全、有效,投资取得的收益要全部用于慈善目的;二是规定了基本的决策机制,重大投资方案应当经决策机构组成人员三分之二以上同意;三是规定了投资财产限制,政府资助的财产和捐赠协议约定不得投资的财产，不得用于投资；四是规定了利益回避机制，慈善组织的负责人和工作人员不得在慈善组织投资的企业兼职或者领取报酬。

2018年10月，民政部颁布《慈善组织保值增值投资活动管理暂行办法》，对慈善组织保值增值投资活动作出规定。

第一，明确了慈善组织可投资财产和不可投资财产的范围，规定投资财产限于非限定性资产和在投资期间暂不需要拨付的限定性资产。接受的政府资助的财产和捐赠协议约定不得投资的财产，不得用于投资。

第二，在可投资范围中规定了三种情形：一是可以直接购买银行、信托、证券、基金、期货、保险资产管理机构、金融资产投资公司等金融机构发行的资产管理产品；二是可以通过发起设立、并购、参股等方式直接进行股权投资；三是允许将财产委托给受金融监督管理部门监管的机构进行投资。

第三，对这三类情形的投资行为作了进一步的规定。一是慈善组织在投资资产管理产品时，应当审慎选择，购买与本组织风险识别能力和风险承担能力相匹配的产品。二是慈善组织直接进行股权投资的，被投资方的经营范围应当与慈善组织的宗旨和业务范围相关。三是慈善组织开展委托投资的，应当选择中国境内有资质从事投资管理业务，且管理审慎、信誉较高的机构。

第四，设定了慈善组织禁入的八个领域：直接买卖股票；直接购买商品及金融衍生品类产品；投资人身保险产品；以投资名义向个人、企业提供借款；不符合国家产业政策的投资；可能使本组织承担无限责任的投资；违背本组织宗旨、可能损害信誉的投资；非法集资等国家法律法规禁止的其他活动。

第五，规定了慈善组织应当控制投资风险，将财产的安全性放在第一位。一是慈善组织接受的政府资助的财产和捐赠协议约定不得投资的财产，不得用于投资。二是股票、商品及金融衍生品类产品、人身保险产品等高风险品种列入禁止直接投资的范畴。三是通过要求慈善组织在开展投资活动时建立相应的决策机制来进一步控制投资风险。

第六，规定了慈善组织开展投资活动时，其决策机构、执行机构、监督机构的相关人员应当各自承担相应的责任。

需要特别强调的是，因为该办法是于2019年1月1日开始施行，如果在此之前慈善组织已经开展的投资活动不符合规定，则原则上慈善组织可以按照投资协议的有关约定妥善处理，该办法正式施行后，慈善组织新开展的投资活动必须执行新的规定，如有违反，民政部门将依法进行处理。

63. 慈善组织使用财产应当遵循什么原则？

慈善法第五十六条规定："慈善组织开展慈善活动，应当依照法律法规和章程的规定，按照募捐方案或者捐赠协议使用捐赠财产。慈善组织确需变更募捐方案规定的捐赠财产用途的，应当报原备案的民政部门备案；确需变更捐赠协议约定的捐赠财产用途的，应当征得捐赠人同意。"

慈善组织的财产权不同于一般法人的财产权，其行使要受到一定限制。捐赠财产在使用中，既要符合章程规定的宗旨，又要符合募捐方案或者捐赠协议约定的用途。募捐方案或者捐赠协议可以对捐赠财产使用规定具体的时限和受益人的条件等，慈善组织应当严格履行。财产使用涉及的决策、审批、拨付，首先要按照章程和慈善组织内部制度规定的程序执行；募捐方案或者捐赠协议有具体要求的，慈善组织还应当针对特定捐赠财产或特定慈善项目建立具体的决策机制和审批拨付程序，并严格执行。

捐赠财产在实际使用中可能会发生需要变更用途的情形，常见的有三种。一是捐赠目的不复存在。例如，慈善组织为某特定地区的特困人群进行募捐，在收到捐赠时，该地区符合条件的特困群体已经全部救助完毕，不再需要救助。二是无法按照约定的方式使用捐赠财产。例如，捐赠人为某受灾地区捐赠的物资，当地没有使用的条件，或者因交通问题无法送达；捐赠人向某学校捐赠一批教学设施，后经评估不适用于该年龄阶段的学生。三是捐赠财产有剩余。例如，某慈善组织为解决某受灾地区群众的某个具体问题募捐，由于公众热情高涨，捐赠款物远远超过当地实际需求；捐赠人捐赠给某个疾病患者的治疗费用在该病人治愈后没有使用完毕。在这些情形下，无法按照捐赠目的使用捐赠财产，是由于信息不对称、募捐和捐赠存在时间差等客观因素造成的，并非慈善组织或捐赠人主观故意，也不存在违法违规，因此必须妥善处理。特别是在公开募捐时，由于慈善组织是直接以公开方式向不特定公众发布募捐公告，通过公布募捐账户持续接受捐赠，对捐赠人的实际捐赠时间以及通过汇款附言等方式提出的具体捐赠用途，只有在接到捐赠时方才知情，尤其容易发生上述情形。

由于捐赠财产不能返还捐赠人，当捐赠财产不能按照原有约定使用时，只能按照近似原则，通过一定的程序用于与原捐赠目的相近的其他慈善用途。为了确保慈善用途变更的公正，慈善法要求必须在监督下进行。公开募捐取得的捐赠财产由于涉及捐赠人较多，无法一一征求意见，由民政部门代表捐赠人和公众进行监督，慈善组织确需变更募捐方案规定的捐赠财产用途的，应当报办理其备案的民政部门备案。确需变更捐赠协议约定的捐赠财产用途的,应当征得捐赠人同意。

64. 慈善法对慈善项目的设计和实施有什么要求,慈善项目终止后剩余财产如何处理?

慈善法第五十七条规定:"慈善组织应当合理设计慈善项目,优化实施流程,降低运行成本,提高慈善财产使用效益。慈善组织应当建立项目管理制度,对项目实施情况进行跟踪监督。"本条规定建立慈善项目制度,使慈善活动从开始筹划到募捐、到使用财产或者提供服务,始终按照具体的慈善项目来运作、管理。这一制度有助于慈善组织提高管理水平,提高财产使用效率和社会效益。

(1)慈善项目的设计和实施。做慈善与做其他工作一样,都需要按照计划执行,一个慈善项目就是一项计划。慈善组织在履行宗旨的过程中,将宗旨分解为具体的任务,在完成具体任务时,为了达成任务的一系列目标而实施的活动,就构成慈善项目。慈善项目的实施过程也是慈善组织使用捐赠财产的过程。慈善项目应当最大化地实现慈善目的,在项目的设计、实施、成本控制上都尽可能地提高财产使用效益。慈善项目的任务设定应当尽量惠及更多的人,充分考虑人民群众的迫切需要和长远发展,寻求解决社会问题的最优方案。慈善项目的标准流程设计应当充分考虑经济成本、时间成本和有效控制，力争把捐赠财产花在刀刃上。慈善组织为了做好慈善项目，除了对受益人进行直接资助以外，也需要为项目的开展支付必要的运行成本，但成本的付出必须紧密服务于慈善目的的实现，通过直接资助与运行成本的合理分割，实现慈善项目社会效益的最大化。

为了实现上述目的，慈善法明确规定，慈善组织应当建立项目管理制度，对项目实施情况进行跟踪监督。这里所说的项目管理，就是指慈善组织或者慈善项目的管理者，在有限的资源约束下，运用系统的方法，对慈善项目涉及的全部工作进行有效管理，即从慈善项目的设计到项目结束的全过程进行计划、组织、指挥、协调、控制和评价，以实现项目的目标。慈善组织既要在组织层面建立统一的项目管理制度，又可以根据具体项目的具体特点制定细则。慈善组织对其实施的慈善项目不能说给了钱就万事大吉了，还要对该项目整个运作情况、实施效果持续进行跟踪监督，发现问题及时纠正，以保证原定的慈善目的最终实现。对完成的慈善项目，慈善组织要开展绩效评估，可以委托第三方评估机构来做这项工作。另外，根据慈善法第七十九条第三款规定，慈善项目实施周期超过六个月的，至少每三个月公开一次项目实施情况，项目结束后三个月内应当全面、详细公开项目实施情况和募得款物使用情况。

（2）慈善项目终止后剩余财产的处理。慈善法第五十八条规定："慈善项目终止后捐赠财产有剩余的，按照募捐方案或者捐赠协议处理；募捐方案未规定或者捐赠协议未约定的，慈善组织应当将剩余财产用于目的相同或者相近的其他慈善项目，并向社会公开。"

慈善项目终止后，捐赠财产未使用完毕的，应当遵循国际上通行的"近似原则"，继续用于与原捐赠目的相同或近似的其他慈善项目，既不能返还捐赠人，也不能用于任何非慈善目的。捐赠人可以按照近似原则在捐赠协议中与慈善组织就剩余财产的用途提前作出约定；慈善组织开展募捐时，也可以按照近似原则在募捐公告中对剩余财产的用途提前进行告知。捐赠协议或募捐公告中事先有约定的，慈善项目终止后的剩余财产按照事先约定执行；事先没有约定的，由慈善组织决定将剩余财产用于目的相同或者相近的其他慈善项目，并向社会公开。

65. 慈善组织如何确定受益人，二者关系如何？

（1）受益人的确定。慈善法第五十九条规定："慈善组织确定慈善受益人，应当坚持公开、公平、公正的原则，不得指定或者变相指定慈善组织管理人员的利害关系人作为受益人。"慈善组织接受捐赠的目的是将捐赠财产用于慈善受益人，受益人对慈善组织的财产享有使用的权利，是慈善组织所提供服务的消费者。慈善组织对受益人可以提供财产资助，也可以利用自身的人力资源直接或者通过购买服务为受益人提供慈善服务。受益人可以是社会公众，也可以是若干个体，甚至是单独的个体。慈善组织资助福利院、养老院、学校、医院等机构用于恤孤、养老、助医、助学等慈善事业的，该机构本身是慈善组织的受益人，其服务对象也是慈善组织的受益人。

确定受益人要遵循以下原则：①公开原则，要求慈善组织将慈善项目、受益人条件、确定程序等有关事项的内容公布于众，建立透明的申请、筛选机制，保障社会公众的知情权，防止暗箱操作。②公平原则，要求慈善组织在确定受益人时，坚持法律面前人人平等和机会均等，避免歧视对待。③公正原则，要求慈善组织坚持正义和中立，防止徇私舞弊。慈善组织通过履行公开、公平、公正的原则进行选择，来保障选定的受益人符合慈善目的和捐赠人的意愿。没有建立公平、公正的选择标准，没有经过公平、公正的决策程序，没有充分的信息披露，直接指定特定受益人，就违背了慈善的宗旨。慈善法第五十九条明确规定，慈善组织不得指定或者变相指定慈善组织管理人员的利害关系人作为受益人。当然，慈善组织管理人员的利害关系人，如果符合慈善项目的受益人条件，可以与其他符合条件的人一样成为该项目的受益人。也就是说，这些利害关系人可以同等条件地成为慈善项目受益人的一部分。比如，某个慈善组织管理人员的亲戚在某个贫困农村，该亲戚如果经过公开、公平、公正的程序和标准筛选后符合救助条件，可以与其他村民一样平等获得慈善救助。

（2）慈善组织与受益人的关系。慈善法第六十条规定："慈善组织根据需要可以与受益人签订协议，明确双方权利义务，约定慈善财产的用途、数额和使用方式等内容。受益人应当珍惜慈善资助，按照协议使用慈善财产。受益人未按照协议使用慈善财产或者有其他严重违反协议情形的，慈善组织有权要求其改正；受益人拒不改正的，慈善组织有权解除协议并要求受益人返还财产。"

慈善组织与受益人之间的关系是平等的，一方不得将自己的意志强加给另一方，慈善组织将捐赠财产提供给受益人不是单方面的"恩赐"，实际上是在履行责任、完成捐赠使命。强调慈善组织与受益人法律地位的平等性，对慈善组织在开展慈善活动中尊重受益人、维护受益人权益具有重要意义。慈善组织与受益人签订协议不是强制性义务，而是根据实际需要决定是否签订协议。根据民法典的规定，对于无民事行为能力人或者限制民事行为能力人的受益人，由其监护人或者法定代理人与慈善组织签订协议。

经过双方平等协商，慈善组织与受益人可就下列事项达成协议：双方当事人的名称或者姓名和住所，慈善财产的种类及其用途，受益人的名额，资助的数额和期限，慈善组织交付财产的期限、地点和方式，慈善财产的使用方式，等等。

协议一旦签订，对双方当事人都具有法律约束力。慈善组织和受益人应当按照约定执行，不得擅自变更或者解除协议。当然，在执行中，如果情况发生了变化，如资助治病，受益人病情减轻或者加重，经双方协商，可以酌情减少或者增加资助数额。针对实践中有的受益人不够珍惜慈善资助、滥用慈善资源的情况，慈善法规定，受益人应当珍惜慈善资助，按照协议使用慈善财产。受益人未按照协议使用慈善财产或者有其他严重违反协议情形的，慈善组织有权要求其改正；受益人拒不改正的，慈善组织有权解除协议并要求受益人返还财产。这就赋予慈善组织以监督受益人合理使用慈善财产的权利和责任。

66. 慈善组织开展慈善活动的年度支出以及管理成本的标准如何确定？

慈善组织开展慈善活动的年度支出以及管理费用，是慈善财产管理使用中的一个重要问题，社会普遍关注。

2016年10月，民政部、财政部和国家税务总局印发了《关于慈善组织开展慈善活动年度支出和管理费用的规定》，对具有公开募捐资格的基金会以及其他慈善组织的年度支出和管理费用作出了规定。

鉴于慈善组织的复杂性和慈善活动的多样性，综合考虑各方面意见并总结已有经验，慈善法第六十一条分三款作了如下规定："慈善组织应当积极开展慈善活动，遵循管理费用、募捐成本等最必要原则，厉行节约，减少不必要的开支，充分、高效运用慈善财产。具有公开募捐资格的基金会开展慈善活动的年度支出，不得低于上一年总收入的百分之七十或者前三年收入平均数额的百分之七十；年度管理费用不得超过当年总支出的百分之十；特殊情况下，年度支出和管理费用难以符合前述规定的，应当报告办理其登记的民政部门并向社会公开说明情况。""慈善组织开展慈善活动的年度支出、管理费用和募捐成本的标准由国务院民政部门会同国务院财政、税务等部门制定。""捐赠协议对单项捐赠财产的慈善活动支出和管理费用有约定的，按照其约定。"这里所说的"年度支出"，是指慈善组织一年中将其财产用于开展慈善活动项目的总支出；"募捐成本"是指慈善组织在开展募捐活动过程中产生的物资采购、宣传推广、活动组织等费用；"管理费用"主要由三部分组成，一是理事会等决策机构的工作经费；二是慈善组织工作人员的工资福利,包括行政管理人员的工资、奖金、住房公积金、社会保障费等;三是行政办公支出,包括办公费、水电费、邮电费、物业管理费、差旅费、折旧费、修理费、租赁费等。

正确理解和贯彻慈善法第六十一条的规定,需要把握以下几点:

第一,对慈善组织运用慈善财产的原则要求。开展慈善活动、服务人民群众,是慈善组织设立和存续发展的根据。慈善组织通过多种方式募集财产的目的,是实现慈善宗旨,而不是消极地维持本组织的存续,也不是一味地发展壮大组织本身。光筹资不做慈善项目或者多筹资少做慈善项目,都违背了慈善目的和慈善组织存在的使命。因此,慈善法规定,"慈善组织应当积极开展慈善活动,遵循管理费用、募捐成本等最必要原则,厉行节约,减少不必要的开支,充分、高效运用慈善财产"。慈善法明确提出了管理费用、募捐成本的"最必要原则",有助于提醒慈善组织规范开展募捐,谨慎使用资金,让募捐成本、管理费用最低化,社会效益最大化。

第二,公募基金会的年度支出和管理费用支出标准。具有公开募捐资格的基金会是慈善组织的一种,《基金会管理条例》第二十九条规定:"公募基金会每年用于从事章程规定的公益事业支出,不得低于上一年总收入的70%;

非公募基金会每年用于从事章程规定的公益事业支出，不得低于上一年基金余额的8%。基金会工作人员工资福利和行政办公支出不得超过当年总支出的10%。"2014年，《国务院关于促进慈善事业健康发展的指导意见》规定："基金会工作人员工资福利和行政办公支出等管理成本不得超过当年总支出的10%，其他慈善组织的管理成本可参照基金会执行。"慈善法在总结实践经验的基础上，适当放宽了标准，规定："慈善组织中具有公开募捐资格的基金会开展慈善活动的年度支出，不得低于上一年总收入的百分之七十或者前三年收入平均数额的百分之七十；年度管理费用不得超过当年总支出的百分之十，特殊情况下，年度支出和管理费用难以符合前述规定的，应当报告其登记的民政部门并向社会公开说明情况。"

第三，其他类型慈善组织的年度支出和管理费用的支出标准。除公募基金会外，其他类型的慈善组织年度慈善活动支出和管理费用也应当有具体的标准。民政部、财政部和国家税务总局于2016年发布的《关于慈善组织开展慈善活动年度支出和管理费用的规定》中，将慈善组织分为四种，分别规定其年度支出和管理费用：一是具有公开募捐资格的基金会，其相关标准依照慈善法的规定。二是具有公开募捐资格的社会团体和社会服务机构，其年度慈善活动支出不得低于上年总收入的百分之七十；年度管理费用不得高于当年总支出的百分之十三。三是不具有公开募捐资格的基金会，开展慈善活动的年度支出和年度管理费用根据其上年末净资产规模来确定，年度支出为不低于上年末净资产的百分之六至百分之八；年度管理费用不得高于当年总支出的百分之十二至百分之二十。四是不具有公开募捐资格的社会团体和社会服务机构，开展慈善活动的年度支出和年度管理费用同样按照其上年末净资产规模确定，年度支出为不低于上年末净资产的百分之六至百分之八；年度管理费用为不高于当年总支出的百分之十三至百分之二十。此外，慈善组织的年度管理费用低于20万元人民币的，不受上述年度管理费用比例的限制。

第四，慈善组织的募捐成本支出标准。2016年8月，民政部公布的《慈善组织公开募捐管理办法》规定，开展公开募捐活动，应当依法制定募捐方案。募捐方案中就包括了募捐成本。慈善组织在制定募捐方案时，应当合理评估，努力降低募捐成本，使更多的善款用于慈善目的。慈善法并未规定慈善组织募捐成本的具体标准，而是授权给国务院民政部门会同财政、税务等部门制定。

第五，捐赠协议约定的支出标准。慈善法第六十一条第三款规定："捐赠协议对单项捐赠财产的慈善活动支出和管理费用有约定的，按照其约定。"本条第一款、第二款规定的"支出"是指慈善组织的年度支出，而第三款规定的

"支出"是单项支出。就单项捐赠来说，捐赠人可以与慈善组织约定该捐赠财产的慈善活动支出和管理费用的比例，这一比例可以低于本条第一款规定的比例，也可以高于本条第一款规定的比例。但这种约定必须合法、合理，不能违背慈善宗旨。

第六，慈善信托的年度支出和管理费用的支出标准。原银监会、民政部于2017年印发的《慈善信托管理办法》第十四条规定，慈善信托文件应当载明年度慈善支出的比例或数额，但该规定中慈善信托的年度支出比例只是慈善信托自行申报的比例，并没有法律的明确标准。为了进一步规范慈善信托的发展，为慈善信托享受税收优惠提供支持，慈善法第六十一条第四款规定，"慈善信托的年度支出和管理费用标准，由国务院民政部门会同财政、税务和金融监督管理等部门制定"。

从国际上看，许多国家的慈善立法对慈善组织募集资金用于公益事业支出的标准和管理费用作了规定。例如，日本《公益社团法人及公益财团法人认定法》规定，公益（慈善）组织执行"公益目的事业的收入预计不超过实施该事业需要支付的适当的费用额"（收支相抵）。俄罗斯《慈善活动和慈善组织法》规定，以金钱为形式的慈善捐赠自慈善组织获得时起1年内至少80%用于慈善目的。以实物为形式的捐赠，自获得时起1年内用于慈善目的（但另有慈善规划规定的除外)。国外多数立法还对慈善组织的理事、监事和职员人数及其报酬作了限制,防止以过高或者不当的报酬来变相分配慈善财产。例如,韩国《非营利机构成立与运作法案》规定,经有关部门批准,非营利机构可确定其全职人员的人数并给付报酬。

67. 慈善组织违反慈善财产管理使用有关规定应承担什么责任?

慈善法设"慈善财产"专章,对慈善组织管理使用慈善财产作了一系列规定。为确保这些规定得到遵守执行,慈善法"法律责任"一章对慈善组织违反慈善财产管理使用有关规定明确了相应的法律责任。

一是慈善组织私分、挪用、截留或者侵占慈善财产的,由县级以上人民政府民政部门责令限期改正,予以警告或者责令限期停止活动,并没收违法所得;情节严重的,吊销登记证书并予以公告。(第一百零九条)

二是慈善组织有下列情形之一的,由县级以上人民政府民政部门责令限期改正,予以警告,并没收违法所得;逾期不改正的,责令限期停止活动并进行整改:(1)违反慈善法第十四条关联交易规定造成慈善财产损失的;(2)指定或者变相指定捐赠人、慈善组织管理人员的利害关系人作为受益人的;(3)将不得用于投资的财产用于投资的;(4)擅自改变捐赠财产用途的;(5)因管理不善造成慈善财产重大损失的;(6)开展慈善活动的年度支出、管理费用或者募捐成本违反规定的。慈善组织有上述规定的情形,经依法处理后一年内再出现上述规定的情形,或者有其他情节严重情形的,由县级以上人民政府民政部门吊销登记证书并予以公告。(第一百一十条)

三是慈善组织有慈善法第一百零九条、第一百一十条、第一百一十一条规定情形的,由县级以上人民政府民政部门对直接负责的主管人员和其他直接责任人员处二万元以上二十万元以下罚款,并没收违法所得;情节严重的,禁止其一年至五年内担任慈善组织的管理人员。(第一百一十二条)

四是违反慈善法规定,构成犯罪的,依法追究刑事责任。(第一百二十一条)

从上述规定可以看出,对违反慈善财产管理使用规定的行为,慈善法所规定的法律责任有行政责任和刑事责任,其中,行政责任有以下两类:

第一,责令限期改正。责令限期改正是行政主体责令违法行为人停止和纠正违法行为,要求恢复被侵害的管理秩序,是一种事后救济措施。行政处罚法第二十八条第一款规定:"行政机关实施行政处罚时,应当责令当事人改正或者限期改正违法行为。"实践中，责令改正虽然不是行政处罚，但却是一种有效的执法措施，可以有针对性地纠正慈善组织的违法行为。而且责令改正与行政处罚并行，民政部门在对慈善组织违法行为给予行政处罚的同时，可以责令慈善组织限期改正，以便彻底纠正违法行为，同时避免"以罚代管"的现象。

第二，行政处罚。行政处罚是一种法律制裁，是对违法行为的一种惩戒。慈善组织违反慈善财产管理使用规定的，民政部门可视情节采取以下处罚措施：（1）警告。警告是一种申诫罚，适用于违法行为比较轻微的情形，目的是通过给予慈善组织一定的警示和批评，促使其发现和纠正违法行为。（2）限期停止活动。限期停止活动是一种能力罚，适用于较重的违法行为，目的在于通过限制慈善组织的行为能力，使其在一定时期内丧失从事业务活动的资格。（3）吊销登记证书。吊销登记证书也是一种能力罚，属于剥夺慈善组织行为能力的处罚措施，只有违法行为情节严重的，慈善组织才需承担被吊销登记证书的法律责任。（4）收缴违法所得，转给宗旨相同或相近的慈善组织。一般情况下，行政机关对违法行为所产生的违法所得应予以没收、上缴国库，但考虑到慈善组织和慈善财产的社会公益属性，慈善法对于慈善组织的违法所得并未规定予以没收，而是由民政部门予以收缴，转给宗旨相同或相近的慈善组织，以便更充分地发挥慈善财产的公益效用。（5）对直接负责的主管人员和其他直接责任人员可予以罚款的行政处罚。罚款是一种财产罚，慈善法所规定的罚款对象并非慈善组织而是对直接负责的主管人员和其他直接责任人员，这也是从最大限度发挥慈善财产公益效用角度考虑的。对违反财产管理使用规定的违法行为，民政部门可将对个人的财产罚与对组织的处罚并用，增加当事人违法成本，督促相关人员全面履行注意义务和忠实义务，同时也有效避免、遏制违法行为。（6）对直接负责的主管人员和其他直接责任人员，禁止其一年至五年内担任慈善组织的管理人员的行政处罚。2021年修订通过的行政处罚法将"限制从业"这一新的行政处罚类型引入处罚体系，扩展了行政处罚的类型。限制从业是指行政机关依法对违反行政管理秩序的当事人限制其从事一定职业的行政处罚，针对是公民而非企事业单位，同时限制的是非行政许可的从业活动，如不得担任单位法定代表人、负责人、董事、监事、高级管理人员，禁止在一定期限内从事相关工作的行政处罚。慈善法在对直接负责的主管人员和其他直接责任人员"处二万元以上二十万元以下罚款，并没收违法所得"的基础上，还规定了限制从业的行政处罚，有利于慈善组织从业人员更好地约束自己的行为，推动慈善行业内部形成自律共识。

慈善服务

68. 什么是慈善服务，与志愿服务是什么关系？

（1）慈善服务是慈善活动的重要方式。慈善法第六十二条第一款规定："本法所称慈善服务，是指慈善组织和其他组织以及个人基于慈善目的，向社会或者他人提供的志愿无偿服务以及其他非营利服务。"慈善活动的目的是帮助他人和社会，从提供者的角度，"有钱出钱，有力出力"；从需求者的角度，既有物质性的需求，也有非物质性的需求。因此，慈善组织所开展的慈善活动大致可以分为款物资助型慈善活动和服务型慈善活动。慈善法第三条将捐赠财产和提供服务作为开展慈善活动的两种重要形式。

追溯慈善活动的起源，服务型慈善与款物资助型慈善都有着古老的历史。但从英国慈善法关于慈善目的定义的演变历史来看，在18世纪，教会所开展的慈善活动多集中在扶贫济困这类典型的款物资助型慈善活动。进入20世纪，随着慈善事业的发展，慈善组织的规模越来越大，其最引人注目的特征是对社会财富的聚合再分配，即如一些经济学家所言，相当于"第三次分配"（同时可能涉及第二次分配中政府税收的让渡）。因此，慈善立法关注的重点是慈善财产"从哪里来、如何管理、用到哪里"，对慈善活动进行规范的核心是保证财产安全。囿于当时经济社会发展的程度以及人们慈善的理念，在以财产规则为中心的立法模式下，服务型慈善未能从一开始就受到立法者的重视，游离在专门规则之外，由其他民事、行政法律来调整。

但是，随着经济社会的发展，以提供非物质帮助为主的服务型慈善日益成为慈善事业发展的重要组成部分。主要原因有：一是随着社会保障体系的建立与逐渐完善，社会救助制度和社会保险等制度确立，社会成员特别是其中贫困群体和因各种风险而处于困境的群体被纳入制度化的保障，原先在这一领域活跃的款物资助型慈善活动也相应逐渐转变方式。以扶贫为例，从古代简单的施衣舍食，到现代的"就业辅导+发放创业贷款"等一条龙"授之以渔"的服务，慈善活动的面貌在悄然发生改变。我国尚处于社会主义初级阶段，社会保障体系强调"广覆盖、保基本、多层次、可持续"，款物资助型慈善的作用仍不可替代，但服务型慈善的作用也日益显现。二是慈善活动的领域不断拓展，教育、科学、文化、卫生、环境保护等领域的慈善活动，往往并不向受益对象提供有形产品，但这些慈善活动提供了大量对他人和社会有益的无形产品或服务，并且其发挥的作用越来越重要。三是在一些领域，慈善服务可以成为市场营利性服务和政府公共服务的重要补充。以养老为例，随着人口老龄化进程加快，护理照料等服务需求缺口很大，但养老服务业本身存在风险大、投资回报周期长、利润率低等特点，社会资本投资热情不高，在市场失灵的时候，一方面需要政府出台产业引导政策；另一方面也需要积极发展慈善性质的非营利养老服务。

（2）志愿服务属于慈善服务的范畴。2017年6月，国务院常务会议通过的《志愿服务条例》规定："本条例所称志愿服务，是指志愿者、志愿服务组织和其他组织自愿、无偿向社会或者他人提供的公益服务。"根据这一规定，志愿服务至少包含自愿、无偿（或不以物质报酬为目的）、公益三个基本要素。

志愿服务从本质上是慈善性的，与慈善精神相契合。西方慈善的起源与教会组织的志愿活动密不可分，中华民族自古以来就有守望相助的传统。近年来，我国的志愿服务脱胎于学习雷锋精神活动，不断蓬勃发展，已经成为一种最具群众基础的慈善活动。公民参与慈善，既可以捐款捐物，也可以捐出自己的时间，把知识、技能和体力转化为对他人的帮助。与捐赠款物相比，志愿服务的特点是人人可为，解囊相助或许困于囊中羞涩，但身体力行则难说力有不逮。许多国家积极倡导民众开展志愿服务、提倡全社会优待志愿者，既繁荣了公益慈善事业，也起到了公民教育的作用。根据慈善法第二章的有关规定，许多专门开展志愿服务的非营利组织符合慈善组织的条件，其他慈善组织在开展活动过程中也经常需要招募、组织志愿者贡献力量。志愿服务是现代社会文明进步的重要标志，也是加强精神文明建设、培育和践行社会主义核心价值观的重要内容。在推进中国特色慈善事业发展进程中，要大力弘扬"奉献、友爱、互助、进步"的志愿精神，广泛普及服务他人、奉献社会的志愿服务理念，培育全社会志愿服务文化自觉，使志愿服务成为人们重要的道德实践和基本生活方式。

（3）其他非营利服务是慈善服务的重要组成部分。根据慈善法第四条规定，非营利是开展慈善活动的基本原则之一。"营利"一词在《现代汉语词典》中的释义为："动词，谋求利润。""非营利"即指"不以谋求利润为目的"。根据慈善法的精神，非营利服务的内涵应当包括以下两层：首先，服务提供者的目的并不是为了获取利润，而是为了实现某种慈善目的；其次，服务活动如产生剩余收入（利润），不得进行分配，应当继续投入慈善服务中。志愿服务虽然符合非营利服务的条件，但志愿服务与其他非营利服务的主要区别在于,志愿服务的成本不需要由受益人承担,但其他非营利服务的受益人有时需要承担部分服务成本,从而使服务可持续。以博物馆展览服务为例,向参观者收取门票开放参观的部分属于非营利服务,而组织志愿者为参观者提供免费讲解的部分,则属于志愿服务。例如,某帮助残疾人进行康复训练的非营利机构,其资金来源既有政府购买服务的资金和社会捐赠,也有服务对象支付的费用,这种康复服务也属于非营利服务。志愿服务和其他非营利服务都是慈善服务的重要组成部分,在不同领域、不同场合发挥各自的作用。

69. 开展慈善服务应当遵循哪些基本要求?

一是保证服务质量。随着社会分工不断细化,慈善活动的领域不断细分、专业化要求越来越高。因此,慈善法第六十二条第二款规定:"慈善组织开展慈善服务,可以自己提供或者招募志愿者提供,也可以委托有服务专长的其他组织提供。"结合慈善法第五十七条第二款"慈善组织应当建立项目管理制度,对项目实施情况进行跟踪监督"的规定,慈善组织应当对受托人和志愿者实施慈善服务的情况进行指导和监督,保证服务质量。

二是要尊重受益人和志愿者的人格尊严。由于服务活动固有的人身性较强的特点，实践中出现了受益人、志愿者等慈善服务参与者隐私泄露等情况。尽管受益人处于接受慈善服务的地位，但是其与志愿者的法律地位是平等的，其人格尊严和隐私受法律保护。因此，慈善法第六十三条规定："开展慈善服务，应当尊重受益人、志愿者的人格尊严，不得侵害受益人、志愿者的隐私。"

三是要执行国家或者行业组织制定的标准和规程。随着慈善服务领域的扩大和细分，很多慈善组织逐渐涉足养老助残、教育培训等需要专门技能的行业。实践中，在这些专业性较强的慈善领域，出现了专业人员缺乏、服务不规范、服务质量参差不齐等情况，一些慈善项目未能达到预期效果。因此，慈善法第六十四条规定："开展医疗康复、教育培训等慈善服务，需要专门技能的，应当执行国家或者行业组织制定的标准和规程。慈善组织招募志愿者参与慈善服务，需要专门技能的，应当对志愿者开展相关培训。"这就要求慈善组织不能因慈善服务的非营利性而忽视服务标准，必须达到法律法规规定的标准或者行业标准，既保护受益人的合法权益，也引导服务提供者防范风险，避免产生纠纷，这样有利于慈善服务长期健康发展。

70. 慈善组织招募志愿者开展慈善服务应当尽到哪些义务？

慈善组织是现代慈善活动的重要主体，是慈善服务的主要提供者，也是志愿服务主要的组织者。慈善组织开展慈善服务过程中最需要法律明确的是慈善组织与志愿者的关系。志愿者为慈善服务提供了源源不断的人力资源，但由于志愿者不是慈善组织的雇员，双方权利义务不受劳动法调整，双方权益、特别是相对处于弱势地位的志愿者的权益需要专门作出规定。因此，慈善法第六十五条至第六十七条和第六十九条明确规定，慈善组织招募志愿者开展慈善服务应当尽到以下义务：

（1）公示信息、告知风险。志愿服务过程中会存在各种各样的风险，特别是在周期较长、涉及志愿者数量较多的志愿服务活动中，一旦发生自然灾害、人为事故或者因为志愿服务项目本身原因引发的事故，都将可能导致志愿者人身、财产权益受到损害，或者可能对志愿服务对象、第三人的人身、财产权益造成损害，志愿者将面临纠纷并承担法律责任的风险。因此，慈善组织在招募志愿者时，应当公布与慈善服务有关的真实、准确、完整的信息以及慈善服务中可能出现的风险，让志愿者对参与慈善服务的风险有充分的认识。同时，慈善组织还应当根据慈善服务的具体情况，如是否对人身安全、身心健康有较高风险、是否需要志愿者连续较长时间服务等，来确定是否与志愿者签订协议，明确双方权利义务，服务的内容、方式和时间等。

（2）实名登记、做好服务记录并应要求出具证明。实名登记是志愿者管理的基本条件，是开展志愿服务记录的前提。慈善法有关实名登记的义务，只是对慈善组织的要求。在实践中，针对志愿者登记较为分散，资源重叠浪费的情况，我国正在推动建立统一的志愿者登记注册制度，对志愿者年龄、技能、特长等相关信息进行登记，建立志愿者信息数据库，了解志愿者参加志愿服务活动的意愿及其专业特长，以便合理配置志愿服务资源，也为注册志愿者提供更广阔的服务空间，实现志愿服务的规范化、常态化和专业化。志愿服务是志愿者对自己时间和专业技能的捐赠，与捐赠财产相比，难以用金钱来衡量，其时效性、过程性更强，所以，记录服务时间、内容和评价，对激励志愿者积极投身志愿服务活动具有重要意义，也是在全社会倡导志愿服务活动、优待志愿者的重要依据。在做好服务记录的同时，还应当根据志愿者的要求，无偿、如实出具志愿服务记录证明，以备志愿者在升学、就业等方面需要时提供证明。此外，慈善组织对于掌握的志愿者隐私信息，应当注意保密。为规范志愿服务记录证明工作，民政部联合中央文明办、教育部和共青团中央联合出台了《关于规范志愿服务记录证明工作的指导意见》，对志愿服务记录证明的出具主体、内容格式、办理流程和监督管理进行规范。

（3）合理安排工作内容，提供必要的工作保障。慈善服务的成功开展，需要志愿者具备相应的体力、知识和技能等。慈善组织作为慈善活动的规划、指导和调动者，应当合理安排和指导志愿者开展志愿服务，即安排志愿者从事与其年龄、技能和身体状况相适应的活动，根据需要开展相关培训，这样既不浪费志愿者资源，同时也能防范服务风险，提升服务效果。慈善组织还应当为志愿者参与慈善服务提供必要的物质条件，为开展可能存在一定人身危险性志愿服务的志愿者购买保险。保险是志愿者保障的重要制度，也是分担志愿者在开展志愿服务过程遭遇的人身伤害、财产损失等风险，打消志愿者后顾之忧的有效措施。《中央精神文明建设指导委员会关于推进志愿服务制度化的意见》明确提出，应当根据需要为志愿者参加志愿服务购买保险和提供物质保障。当前，发达国家和地区大多建立了志愿者强制人身保险制度。美国1997年《义工保护法》要求通过州际保险市场购买保险，来保证义工活动。意大利《志愿服务基本政策法》规定，志愿者组织必须针对事故、疾病以及与执行活动本身相关的第三方责任，为正在进行志愿工作的成员投保。罗马尼亚《志愿服务法》要求与志愿服务计划有关的费用将由与欧委会签订协议的保险公司负担。我国许多地方除在地方立法中对志愿服务保险作了规定，还进行了许多实践探索。北京、黑龙江、上海等地使用财政资金为所有实名注册志愿者提供免费保险，每名志愿者的保费不足1元甚至更低。通过财政的集中投入，覆盖了所有政府必须为志愿者投保的情形，如政府举办大型赛会招募志愿者的保险、应对突发事件招募应急救援志愿者的保险等，总量上节约了财政资金，极大地激发了志愿者参与慈善服务的热情，促进了慈善服务的开展。

71. 志愿者参与慈善服务有哪些注意事项？

慈善法第六十八条规定："志愿者接受慈善组织安排参与慈善服务的，应当服从管理，接受必要的培训。"结合慈善法第六十三条至第六十七条的规定，志愿者在享有知情权、保障权、获得证明权等各项权利的同时，也应承担相应的义务。首先，志愿者要向慈善组织提供个人真实身份信息，这是慈善组织进行实名登记的必要条件。其次，志愿者还应如实告知自己的身体状况、专长兴趣等，以便慈善组织合理安排服务工作，既保障志愿者的安全，也合理配置人力资源。实践中，一些志愿者凭借一腔热情，不顾自身条件去参与力不能及的服务活动，不仅实现不了志愿服务的目的，反而给慈善活动和自己带来不利影响，甚至是身心受到伤害或者给服务对象造成伤害。如果志愿者故意隐瞒身体状况等造成损害的，应当认定志愿者存在过错。再次，在开展慈善服务过程中，志愿者应当服从管理，参与和退出服务活动应当及时告知慈善组织，保证慈善服务正常开展。根据所参与慈善服务的专业程度，志愿者还应接受慈善组织安排的必要培训。最后，志愿者应当尊重受益人的人格尊严，不得侵害受益人的隐私。

72. 慈善服务过程中发生人身、财产损害的，法律责任如何承担？

慈善法第一百一十九条规定："慈善服务过程中，因慈善组织或者志愿者过错造成受益人、第三人损害的，慈善组织依法承担赔偿责任；损害是由志愿者故意或者重大过失造成的，慈善组织可以向其追偿。志愿者在参与慈善服务过程中，因慈善组织过错受到损害的，慈善组织依法承担赔偿责任；损害是由不可抗力造成的，慈善组织应当给予适当补偿。"

慈善组织直接提供慈善服务过程中发生人身、财产损害的，一般按照民法典的有关规定处理。但在慈善组织招募志愿者开展慈善服务过程中发生损害的，责任归属较为复杂。志愿者与慈善组织之间既不是劳动关系，也不是劳务关系，志愿服务具有无偿性和公益性，特别是当损害涉及受益人或第三人时，多方法律主体的关系就更为复杂。志愿者虽然是服务活动的直接实施者，但所参与的慈善服务对外是以所在慈善组织的名义进行的，志愿者的志愿服务融入慈善组织开展的慈善服务当中。志愿者与慈善组织的关系，虽然不如雇佣关系那么紧密，但也形成了事实上的职务代理关系（与慈善组织工作人员接近），慈善组织应当比照雇主对外承担替代责任。为了更有效地保障受益人和第三人的权益，降低志愿者从事慈善服务的风险，鼓励更多的人投身慈善，根据慈善法第一百一十九条的规定，志愿者造成受益人、第三人损害的，无论慈善组织有过错还是志愿者有过错，都由慈善组织先行承担赔偿责任，志愿者存在故意或者重大过失情形的，慈善组织在承担责任之后可以向其追偿；志愿者在参与慈善服务过程中受到损害，慈善组织有过错的要依法承担赔偿责任，即使损害是由不可抗力造成的，慈善组织也应当给予适当补偿。此外，如果志愿者因慈善服务受益人或者第三人的原因受到损害的，志愿者有权依照民事法律的有关规定要求赔偿，由于慈善组织与志愿者之间存在特殊的合作关系，慈善组织应当提供力所能及的帮助。

慈善法之所以规定在慈善服务活动中即使因志愿者的过错造成受益人、第三人损害的，慈善组织也要承担赔偿责任，一方面是由于志愿者个人处于相对弱势地位；另一方面也是考虑到作为组织者的慈善组织，理应比志愿者掌握更多信息，对慈善服务过程的管理能力和对风险的预判防范能力都应更强。但实践中，确实有许多中小慈善组织承担责任的能力有限，慈善服务损害赔偿责任对他们压力较大。因此，在慈善法实施中要进一步引导和鼓励慈善组织加强内部治理，提高风险管控能力，同时通过购买保险等方式，预先对慈善服务风险作出防范。

应急慈善

73. 慈善法为什么要设应急慈善专章?

"救助自然灾害、事故灾难和公共卫生事件等突发事件造成的损害"是慈善法第三条明确规定的一类重要慈善活动。自古以来,大灾大难对社会资源动员整合的需要就是慈善事业发展的重要驱动力。"一方有难,八方支援",举国同心,万众协力,近年来,在多次重大突发事件发生时,慈善组织、志愿者等社会力量迅速响应,积极动员,多方筹集物资,主动关怀困难群体,写下浓墨重彩的篇章。应急慈善活动日益组织化、规模化,展现出越来越强大的动员整合能力,成为应对重大灾难、兜好民生底线不可忽视的重要力量。

应急慈善实践蓬勃发展的同时,也暴露出不少问题。2008年汶川地震发生后,民间参与应急救援的热情空前高涨,但当时缺乏统一的指挥协调,信息渠道也不够畅通,志愿者蜂拥到灾区以后不知该往哪里去、能做什么。针对这些问题，在雅安地震救援中，政府开始建立社会组织服务中心，统一提供办公室，统一对接需求资源。鲁甸地震发生后，云南省民政厅在救灾应急指挥部下设专门的社会组织参与救灾协调服务组。

总结正反两个方面的经验，2023年修法在原慈善法对应急慈善专条规定的基础上，更进一步设立应急慈善专章进行全面规范，明确了慈善组织和慈善行为在应对突发事件中的地位和作用，厘清政府责任，健全协调共享机制，对重大突发事件中慈善募捐、慈善捐赠、慈善财产使用、信息公开、监督管理等各个方面作出了不同于一般情形的特殊规定，进一步完善了应急慈善法律制度。其中，最关键的是将应急慈善活动纳入突发事件应对管理机制的总体框架，明确慈善力量是突发事件治理体系中不可或缺的重要组成部分。需要注意的是，适用慈善法本章规定要注重与其他相关法律法规相协调，处理好一般法与特别法适用的关系。

74. 发生重大突发事件需要迅速开展救助时，有关人民政府应当开展哪些工作引导社会力量开展募捐和救助活动？

根据修改后的慈善法第七十条规定："发生重大突发事

件需要迅速开展救助时,履行统一领导职责或者组织处置突发事件的人民政府应当依法建立协调机制,明确专门机构、人员,提供需求信息,及时有序引导慈善组织、志愿者等社会力量开展募捐和救助活动。"本条是关于建立应急慈善活动政社协调机制的规定:

一是明确建立政社协调机制的情形要求,是在"发生重大突发事件需要迅速开展救助时"。按照突发事件应对法,根据社会危害程度、影响范围等因素,将自然灾害、事故灾难和公共卫生事件分为特别重大、重大、较大和一般四级。但慈善法本条的"重大"不能简单与突发事件应对法的"重大"分级直接对应,慈善法本条的"重大"更多是定性。这是因为突发事件等级划分有专门标准和程序,有时并非事件发生当时等级就已经划分确定。为了便于适应复杂的实际情况,慈善法赋予有关人民政府一定的裁量和解释空间。但一般认为,符合特别重大和重大分级的突发事件应当属于慈善法规定的"重大"。

二是明确责任主体,"履行统一领导职责或者组织处置突发事件的人民政府依法建立协调机制"。此处规定与突发事件应对法等法律法规对有关政府责任的规定保持一致、直接衔接。

三是明确具体职责,"设立专门机构、人员,提供需求信息,及时有序引导慈善组织、志愿者等社会力量开展募捐和救助活动"。有关人民政府要落实慈善法本条的具体要求，积极主动引导慈善力量有序有效开展应急慈善活动，整合节约慈善资源，发挥最大的政社协同效应。

75. 发生重大突发事件需要迅速开展救助时，慈善行业应该开展哪些工作提高应急慈善活动效率？

根据慈善法第七十一条规定，国家鼓励慈善组织、慈善行业组织建立应急机制，加强信息共享、协商合作，提高慈善组织运行和慈善资源使用的效率。在发生重大突发事件时，鼓励慈善组织、志愿者等在有关人民政府的协调引导下依法开展或者参与慈善活动。本条是关于鼓励慈善行业建立应急机制、开展或参与应急慈善活动的规定。

应急慈善过往实践中除了存在政社协同不足的问题，慈善行业协同不足也是一个突出问题。许多慈善组织反映，以往实践中存在扎堆募捐、重复投入、各自为战的乱象，如采购物资遭遇涨价，甚至慈善组织之间互相竞价，如果一开始就能形成行业联合谈判机制，应能节约大量慈善资源。同时，慈善行业的基层动员能力有待提高，部分吸纳较多社会捐赠的大型慈善组织在基层缺乏得力的项目执行团队，不能及时动员组织志愿者，需要通过政府和其他渠道层层对接，处于"有劲使不上"的状态，在某些特殊时期，基层缺物资、缺人员，反而是个人志愿者和"草根"志愿服务团队脱颖而出，大型慈善组织对这些草根团队的培训指导、款物支持远远不够，慈善行业良好生态格局尚未形成。虽然在此过程中一些行业性、枢纽型慈善法组织积极自发牵头建立应急协调机制，但因彼此信息不对称，应急慈善活动中的行业秩序相对仍较为混乱。慈善行业的生机活力源于社会自发的热情，行业协同不足在日常状态下问题似乎并不突出，但应急状态下的无序竞争，暴露出行业协同不足也是影响慈善行业健康发展的一个重要因素。

慈善法修改中注意到这个问题，明确规定除了应当建立政府与慈善力量之间的协调机制，也鼓励慈善行业内部建立起协调机制，加强信息共享、协商合作，提高慈善组织运行和慈善资源使用的效率。需要注意的是，这一协调机制应当是常态的、长效的，不能等到事件发生时再去建立，而是应当在日常工作中就保持紧密联系，互通有无，一旦发生突发事件，各类慈善组织、志愿服务组织等就能够根据自己的专业特长有序有效参与。慈善行业组织要更进一步发挥行业引领、统筹协调、资源整合和行业自律作用，加强慈善行业在应急状态下的协同联动，建立应急状态下的慈善需求信息发布与数据跟踪以及物资接收、仓储、物流、调配等工作机制，提升慈善组织应急救助能力和专业水平。

76. 慈善法对应急状态下公开募捐募得款物分配使用效率和信息公开有什么特殊要求？

慈善法第七十二条规定："为应对重大突发事件开展公开募捐的，应当及时分配或者使用募得款物，在应急处置与救援阶段至少每五日公开一次募得款物的接收情况，及时公开分配、使用情况。"本条是对应急状态下公开募捐募得款物分配使用效率和信息公开从严要求的特别规定。

突发事件具有情况紧急、社会危害性强的特征，捐赠款物早一步到位就能早一步发挥应急作用。同时，相比日常状态，在应急状态下慈善工作的社会关注度更高、舆论影响范围更广，社会对慈善工作效率和透明度的要求也更高。但往往此时社会捐赠意愿短时间爆发，而慈善行业的应对能力有限。应急慈善过往实践中，有的慈善组织不考虑执行能力盲目募捐，或者专业能力不足、所募捐款物与需求不匹配，导致款物分配不及时；有的仓促募得的一些物资不达标或者凭证不全无法保证质量，增加接收方的工作难度，引发后续法律纠纷；有的慈善组织信息公开不规范、舆情应对能力弱，在突发事件"聚光灯"效应下，工作缺陷和错误更容易被放大，引起不必要的误解和争议，等等。这些不规范、不透明的行为，不仅影响了慈善应急作用的发挥，也损害了慈善事业的公信力。

因此，慈善法第七十二条对应急状态下开展慈善工作的效率和透明度提高标准、从严要求，这主要是相对慈善法第七十九条日常状态下定期公开募捐情况和慈善项目实施情况的一般要求而言。第七十二条规定："为应对重大突发事件开展公开募捐的，应当及时分配或者使用募得款物，在应急处置与救援阶段至少每五日公开一次募得款物的接收情况，及时公开分配、使用情况。"慈善组织要严格落实这条规定要求，充分发挥应急慈善应有作用，顺应社会关切：一是要制订应急预案，日常注重提升应急能力，确保突发事件发生时能够尽快实现平战转换、提高工作效率。二是要科学评估自身能力，"没有金刚钻，不揽瓷器活"，达不到法律硬性要求将依法承担法律责任。三是要高度重视信息公开，用翔实的材料做好舆情应对，珍惜组织信誉和整个行业的公信力。

需要注意的是，本条"至少每五日公开一次募得款物的接收情况"的要求仅针对"应急处置与救援阶段"。这是考虑到社会捐赠蜂拥而至，但突发事件情况复杂，应急处置与救援阶段持续时间不等，确有一些情况下募得款物因客观因素未分配使用完毕，需要转为在后续灾后重建阶段继续使用，还有一些社会捐赠虽然在前期接收，但捐赠方的意愿也倾向用于后续重建、修复。慈善组织要更好的实现慈善目的,既要将募得款物"用得及时",也要"用得好"。这些更长周期的募得款物分配使用,按照慈善法第七十二条的规定履行信息公开义务即可。

77. 慈善法对应急状态下慈善组织公开募捐备案手续有什么特别规定?

慈善法第七十三条规定:"为应对重大突发事件开展公开募捐,无法在募捐活动前办理募捐方案备案的,应当在活动开始后十日内补办备案手续。"本条是对应急状态下公开募捐备案手续补办的特别规定。

按照慈善法第二十四条的要求,开展公开募捐应当制订募捐方案,并在开展募捐活动前报慈善组织登记的民政部门备案。备案旨在让慈善事业主管部门掌握公开募捐活动的具体情况,便于受理投诉举报和开展监督检查,适用于日常状态下的慈善监管工作。但突发事件发生具有突然性,无法准确预判。实践中,对因不可抗力等因素导致的行政相对人未能及时履行相关手续,行政机关给予延期办理、容缺办理,符合依法行政的精神。2016年9月,民政部出台的部门规章《慈善组织公开募捐管理办法》中规定,为应对重大突发事件开展公开募捐,无法在募捐活动前办理募捐方案备案的,应当在活动开始后十日内补办备案手续。2023年慈善法修改，将部门规章的做法上升为法律，明确放宽募捐方案的备案时间和备案手续。应急状态下的慈善监管工作也要作出符合应急处突特殊需要的灵活应对，以快制快，突出效率导向，注重实施效果。但需要注意的是，本条放宽备案时间要求的前提是"无法在募捐活动前办理募捐方案"，如果客观条件允许，慈善组织仍应按照第二十四条的规定正常备案。

78. 在应急状态下，哪些主体应当为慈善捐赠款物分配送达提供便利和帮助？

根据慈善法第七十四条规定，县级以上人民政府及其有关部门应当为捐赠款物分配送达提供便利条件。乡级人民政府、街道办事处和村民委员会、居民委员会，应当为捐赠款物分配送达、信息统计等提供力所能及的帮助。本条是关于在应急状态下为捐赠款物分配送达提供便利和帮助的规定。

突发事件应对是"与时间赛跑"，应急慈善工作最紧要的是让捐赠款物尽快到达最终需求方手中，其中物资捐赠更有利于及时实现慈善目的，具有不可替代的意义。但突发事件发生后，往往出现自然条件险阻、交通通信不畅乃至中断，交通工具紧缺、人力紧缺等难题，救援物资卡在途中、卡在"最后一公里"的情况屡见不鲜。另外，与国家统一储备调拨的应急救援物资不同，慈善捐赠物资来源分散、数量批次不好预估、质量可能参差不齐，进一步加剧了分配送达的难度。常态下应由慈善组织自行负责慈善项目实施，但在时间紧、任务重、难度大的情况下仅凭慈善组织的力量难以很好实现。可以说，捐赠物资如何及时、合理的分配、送达到需求方，是应急慈善工作的难中之难、痛中之痛。

2021年5月通过的《湖北省慈善条例》设立应急慈善专章，其中重点规范了应急慈善物资调度问题，规定"县级以上人民政府应当建立应急慈善物资调度机制，动态发布有关信息，接受社会监督。县级以上人民政府可以根据需要通过购买服务等方式，支持慈善组织、相关企业以及其他社会力量运用专业化方式，开展应急慈善捐赠物资的装卸、仓储、运输、分发等工作。……应急管理、公安、交通运输、市场监管、税务等部门应当根据应急慈善工作需要，提供车辆通行与调度、质量检验、免税手续办理等便利条件，简化相关程序，提高捐赠物资分配送达效率。执行突发事件应急任务中运送抢险救灾以及捐赠物资的车辆，免交车辆通行费。"慈善法修改过程中吸收借鉴了《湖北省慈善条例》等地方法规的有益做法，将为应急状态下捐赠款物分配送达提供便利和帮助上升为法律规定。

根据慈善法第七十二条，相关责任主体有以下两个层次：

一是县级以上人民政府及其有关部门，应当为捐赠款物分配送达提供便利条件。县级以上人民政府负责本行政区域的突发事件管理工作，应当考虑到捐赠款物分配送达问题，按照慈善法第七十条的规定纳入政社协调机制统筹安排。政府民政、应急管理、公安、交通运输、市场监管、税务、海关等有关部门按照各自职责提供相应的便利条件。

二是乡级人民政府、街道办事处和村民委员会、居民委员会，应当为捐赠款物分配送达、信息统计等提供力所能及的帮助。乡级人民政府、街道办事处是基层政府，村民委员会和居民委员会是基层群众性自治组织，在突发事件应对中基层政府和基层组织依法承担相应职责，帮助打通应急处突工作的"最后一公里"。考虑到基层工作任务繁重，"千条线、一根针"，尤其是突发事件发生地的基层政府和基层组织的压力非常大，因此慈善法仅要求它们为捐赠款物分配送达、信息统计等提供"力所能及"的帮助。

信 息 公 开

79. 慈善法建立信息公开制度有什么意义?

慈善法用专章对慈善信息公开制度进行了规范,充分体现了立法的高度重视。建立健全慈善信息公开制度,意义重大。

一是有利于提升慈善事业公信力。公信力是慈善事业发展的基石,透明度是提升公信力的根本途径。慈善法颁布前,其他法律法规对慈善信息公开已经作出了一定要求,但尚未形成体系。近年来,慈善领域出现的一些信任危机,挫伤了公众参与慈善事业的热情。慈善立法回应社会关切,通过建立健全信息公开制度,切实保障社会公众的知情权,致力于把慈善事业做成人人信任的"玻璃口袋"。同时,完善的信息公开制度又倒逼慈善组织规范内部治理,提高管理水平和运作效率,提高公众满意度,最终提升行业整体公信力。

二是有利于形成有效的社会监督。慈善组织与企业不同，一方面具有非营利性、公益性的特点；另一方面也存在"所有者缺位"的管理难题。慈善组织的财产虽然来源于捐赠人，但捐赠行为一旦完成，财产即归属于慈善组织。而慈善组织的理事不是企业股东，虽然能够参与决策，但其私人不存在利益关系。为防止慈善组织的财产被侵占、浪费或者滥用，必须构建强有力的外部监督。在政府监管部门的监督管理之外，社会监督是不可或缺的方式。要进行有效的社会监督，前提就是信息公开，让公众充分了解慈善组织的各项信息，发现和检举不法行为，同时进行比较和甄别，淘汰不合格的、低效率的慈善组织。

三是反映了慈善组织享受税收优惠的基本要求。税收优惠是指国家将纳税人应纳税额的一部分或全部让渡给纳税人的财政性措施。我们通常所说的慈善组织的税收优惠，包括捐赠人的公益性捐赠税前扣除和慈善组织所得税免税两类，这两类税收优惠目的是鼓励慈善捐赠和慈善事业发展。同样根据权利义务对等原则，慈善组织要获得税收优惠资格，需接受广大纳税人、社会公众的监督，以避免税收流失，导致财政体制受到冲击和危害。

四是体现了对捐赠人的责任。慈善财产主要来自捐赠，按照权利义务对等原则，慈善组织的信息公开义务应当与其所拥有的权利相对应，因此，慈善组织对捐赠人有报告财产使用情况和接受捐赠人监督的义务;对于开展了公开募捐的慈善组织,还应当承担更多的信息公开义务。

信息公开一章,首先明确了慈善组织和慈善信托受托人公开慈善信息的三原则——真实、完整、及时,这是总原则、总要求;其次规定了信息公开的内容,分为向社会公开的慈善信息和向捐赠人、受益人等特定对象公开的信息;最后具体规定了信息公开的方式。值得注意的是,本章的信息公开制度是慈善活动全方位、全主体、全环节的全面的信息公开。不仅要求慈善组织、慈善信托的受托人要履行信息公开义务,政府及其有关部门在履行职责过程中制作或者获取,以一定形式记录、保存、形成的与慈善组织、慈善活动有关的政府信息也应公开。慈善事业涉及广大社会公众的利益,与慈善相关的政府信息具有很强的公共性,也是慈善活动接受社会监督的重要基础,为此本章专门规定了政府部门也有义务将与慈善有关的政府信息向社会公开。政府及其有关部门对慈善信息的公开,遵照本法的专门条款规定,本法未规定的,按照政府信息公开条例的有关规定执行。

80. 政府在促进慈善信息公开中有什么职责?

一是建立健全信息统计和发布制度。慈善法规定,国家建立健全慈善信息统计和发布制度。政府在履行职责过程中要做好慈善信息的收集、整理、统计、发布等，形成制度，设立标准，信息统计的各个环节要更规范、更准确、更全面。建立健全慈善信息统计和发布制度，摸清慈善事业的"底数"，既是政府做好慈善信息公开的基础，也是慈善事业相关决策的重要依据。

二是确定公开平台。慈善法规定，国务院民政部门建立健全统一的慈善信息平台，免费提供慈善信息发布服务。县级以上人民政府民政部门应当在前款规定的平台及时向社会公开慈善信息。慈善组织和慈善信托的受托人应当在第七十五条第二款规定的平台发布慈善信息，并对信息的真实性负责。国务院民政部门作为全国慈善工作的主管部门，有责任建立统一的慈善信息平台，并对平台进行维护和管理，确保严肃性、权威性、专业性和信息发布的及时性。2017年，民政部上线了全国慈善信息公开平台（"慈善中国"）。经过多次升级改造，目前平台包含慈善组织查询、慈善信托查询、募捐方案备案、慈善项目进展、慈善组织年报等多个模块。通过该平台，慈善组织用户可以进行基本信息公示、慈善项目公示、年报年检内容公示，以及申领公开募捐资格、开展公开募捐方案备案等工作。此外，慈善信托受托人也可以通过本平台将慈善信托事务及财务处理等情况向社会进行公示。民政部门等管理用户可以对慈善组织提交的公开募捐资格申请和公开募捐方案进行审核和备案，也可以发布慈善组织的等级评估信息、税前扣除资格信息、奖惩信息等相关信息，还可以进行慈善信托备案管理工作。社会公众可以通过平台查询全国慈善组织用户、及慈善信托受托人用户公示的全部信息。

81. 民政等有关部门应当向社会公开哪些慈善信息，未依法履行信息公开义务应承担什么法律责任？

根据慈善法第七十六条的规定，县级以上人民政府民政部门和其他有关部门应当及时向社会公开下列慈善信息：

（1）慈善组织登记事项。主要包括慈善组织名称、组织形式、登记管理机关、业务主管单位、统一社会信用代码、设立宗旨、业务范围、法定代表人、成立时间、联系方式、住所、是否具有募捐资格以及慈善组织章程中载明的其他事项。

（2）慈善信托备案事项。主要包括委托人、受托人的登记事项、信托文件、受托人变动情况、信托事务处理情况及财务状况等。

（3）具有公开募捐资格的慈善组织名单。

（4）具有出具公益性捐赠税前扣除票据资格的慈善组织名单。该名单目前由财政、税务、民政三部门联合发布公告予以确认。

（5）对慈善活动的税收优惠、资助补贴等促进措施。

（6）向慈善组织购买服务的信息。如委托慈善组织进行课题研究，选择慈善组织的方式、标准、程序以及购买服务的金额、内容等信息要向社会进行公开。

（7）对慈善组织、慈善信托开展检查、评估的结果。如对慈善组织进行抽查审计和等级评估，有关结论要向社会进行公开。

（8）对慈善组织和其他组织以及个人的表彰、处罚结果。如中华慈善奖的评选结果、对某组织作出停止活动的行政处罚等信息要向社会进行公开。

需要指出的是，慈善信息内容丰富、涉及面广，除民政部门外，其他有关部门也会掌握部分慈善信息，如财政、税务、审计、教育、科学、文化、卫生、体育、环保、公安等部门，这些政府部门在各自的职责范围内，也要承担向社会公开慈善信息的职责。

慈善法第一百二十条规定，县级以上人民政府民政部门和其他有关部门及其工作人员未依法履行信息公开义务的，由上级机关或者监察机关责令改正；依法应当给予处分的，由任免机关或者监察机关对直接负责的主管人员和其他直接责任人员给予处分。

82. 慈善组织信息公开应当遵循哪些原则?

慈善法第七十七条规定:"慈善组织、慈善信托的受托人应当依法履行信息公开义务。信息公开应当真实、完整、及时。"该条明确了慈善组织信息公开的三个基本原则。

一是真实。"真实"有两个层面的要求:第一,要符合客观事实;第二,要准确可靠。因此,慈善组织应当公开客观、确切的信息,特别是有关收支等数据信息,不得伪造、编造、捏造,不得进行误导式描述,慈善组织要对发布信息的真实性负责。

二是完整。"完整"的一般含义是"没有损坏或残缺",在这里是要求慈善组织严格按照法律、法规的要求,全面公开有关信息,不得进行选择性公开。例如,不能只公开正面情况,对负面问题不予公开,不得有重大遗漏等。需要注意的是,"完整"并不意味着"无一例外",慈善法第八十二条规定:"涉及国家秘密、商业秘密、个人隐私的信息以及捐赠人、慈善信托的委托人不同意公开的姓名、名称、住所、通讯方式等信息,不得公开。"因此,慈善组织在信息公开时要以审慎态度,判断信息是否属于禁止公开的内容。

三是及时。信息是有时效性的,信息的生命力就在于更新和流动,信息在传播中更迭的速度越快,在实践中的价值越高,意义越大。这点对于慈善组织也是同样适用的,如果公开的信息远滞后于信息获取者的预期,如今日暴雨,第二天有关部门才发布警示,这样的信息便毫无价值。当然,"及时"并不等同于"实时"。慈善法第七十三条明确了慈善组织公开募捐信息的时限要求,除定期公开信息外,有关活动周期超过六个月的,至少每三个月公开一次,并在活动结束后三个月内全面公开相关情况。可见,信息公开的及时性应该更接近于"适时性",是指在合适的时间节点进行公开。

83. 慈善组织应当向社会公开哪些信息,未依法履行信息公开义务应承担什么法律责任?

慈善法第七十八条、第七十九条对慈善组织向社会公开的信息内容和时间作了规定。根据这些规定,慈善组织向社会公众公开信息有以下几个层面的要求。

一是要公开章程和决策、执行、监督机构成员信息。如慈善组织名称和住所,组织形式,设立宗旨,业务范围,财产来源及构成,决策、执行、监督机构的组成、职责及成员信息,以及组织章程中载明的其他事项。上述信息有重大变更的,慈善组织应当及时向社会公开。

二是要公开年度工作报告和财务会计报告。报告应当包括慈善组织年度开展募捐以及接受捐赠情况、慈善财产的管理使用情况、慈善项目实施情况以及慈善组织工作人员的工资福利情况。具有公开募捐资格的慈善组织的财务会计报告须经审计。

三是具有公开募捐资格的慈善组织应当定期向社会公开其募捐情况和慈善项目实施情况。需要注意的是，公开募捐情况和慈善项目实施情况的信息公开有时限要求，除常规的定期公开外，公开募捐周期超过六个月的，至少每三个月公开一次募捐情况，公开募捐活动结束后三个月内应当全面、详细公开募捐情况；慈善项目实施周期超过六个月的，至少每三个月公开一次项目实施情况，项目结束后三个月内应当全面、详细公开项目实施情况和募得款物使用情况。这样规定的目的，是要确保公众能够掌握持续时间长的募捐活动和慈善项目动态，更好地进行监督。

四是国务院民政部门要求公开的其他信息。例如，发生重大灾害或者事故时，国务院民政部门可以要求慈善组织对参与救灾的有关情况向社会进行公开。

根据慈善法第一百一十条的规定，慈善组织未依法履行信息公开义务的，"由县级以上人民政府民政部门责令限期改正，予以警告，并没收违法所得；逾期不改正的，责令限期停止活动并进行整改"；同时，慈善组织有不依法履行信息公开义务的情形，并且"经依法处理后一年内再出现前款规定的情形，或者有其他情节严重情形的，由民政部门吊销登记证书并予以公告。"

84. 慈善组织应当向捐赠人、受益人等特定对象告知哪些信息？

（1）应当向捐赠人告知的信息。慈善法第八十条规定："慈善组织开展定向募捐的，应当及时向捐赠人告知募捐情况、募得款物的管理使用情况。"慈善组织应当就与捐赠人捐赠财产相关的信息履行告知义务，如募款目的、用途、受益人选择程序和标准、受益人情况、募得款物的使用计划，及进度安排、管理制度、监督方式、评价标准等信息向捐赠人进行反馈。

（2）应当向受益人告知的信息。慈善法第八十一条规定："慈善组织、慈善信托的受托人应当向受益人告知其资助标准、工作流程和工作规范等信息。"受益人实际上是从社会公众中按照慈善组织设定的程序和标准筛选出来的特定群体，因此，选择受益人的相关标准和程序，首先要向社会公开，以便潜在受益人申请。在选定受益人后，受益人就其受益项目的具体信息，如资助标准、工作流程和工作规范等，享有知情权。慈善组织应当就与受益人利益相关的信息履行告知义务。

85. 哪些慈善信息不得公开，泄露这类信息应承担什么法律责任？

慈善信息以公开为原则，不公开为例外。慈善法第八十二条对不公开的情形作了规定，主要包括以下两类信息：

一是涉及国家秘密、商业秘密、个人隐私的信息，不得公开。这是信息公开除外的一般性原则，主要是为了防止危害国家安全、侵犯他人权益或隐私等情况发生。二是捐赠人、慈善信托的委托人不同意公开的姓名、名称、住所、通讯方式等信息的，不得公开。慈善组织、慈善信托的受托人等应尊重捐赠人、委托人的意愿，不公开上述信息，这样通常不会影响公众对慈善活动的监督。需要指出两点：捐赠人和慈善信托委托人不同意公开的个人信息虽然不公开，但该笔捐赠或者信托的其他有关事项属于慈善法规定的公开范围的，应当以适当形式公开；上述不公开的信息，如果监管部门依法履行监督管理职责需要调查取证的，相关义务主体仍应如实报告，监管部门因工作需要掌握此类信息后，除法定事由外，也不得泄露。

泄露上述不得公开的慈善信息的，应承担相应的法律责任。慈善法第一百一十条第一款第九项规定："泄露捐赠人、志愿者、受益人个人隐私以及捐赠人、慈善信托的委托人不同意公开的姓名、名称、住所、通讯方式等信息的",由县级以上人民政府民政部门责令限期改正,予以警告,并没收违法所得;逾期不改正的,责令限期停止活动并进行整改。第一百一十条第二款还规定:"慈善组织违反本法规定泄露国家秘密、商业秘密的,依照有关法律的规定予以处罚。"第一百一十条第三款规定,如果慈善组织有上述情形,并且经依法处理后一年内再出现前款规定的情形,或者有其他情节严重情形的,由民政部门吊销登记证书并予以公告。

另外,根据慈善法第一百二十一条规定,违反本法规定,有泄露国家秘密、商业秘密、个人隐私等行为,构成违反治安管理行为的,由公安机关依法给予治安管理处罚;构成犯罪的,依法追究刑事责任。

促 进 措 施

86. 国家对社会主体参与慈善事业持何态度?

慈善是中华民族的传统美德,也是社会文明进步的重要标志。慈善事业是中国特色社会主义事业的重要组成部分,是社会保障体系的重要补充,是持续巩固拓展脱贫攻坚成果、有力有效推进乡村全面振兴不可或缺的重要力量,也是社会各界自愿参与、奉献爱心的崇高事业。发展慈善事业对于保障和改善民生、促进社会和谐、推动社会文明、实现共同富裕具有重要意义。纵观国内外慈善事业的发展历程,慈善事业的健康发展,离不开国家的支持和引导。特别是我国现代慈善事业仍处于起步发展阶段,更需要各级政府的重视和支持。为此,慈善法专章规定了促进慈善事业发展的措施。

慈善法八十五条第一款是国家鼓励慈善参与的原则性规定:"国家鼓励、引导、支持有意愿有能力的自然人、法人和非法人组织积极参与慈善事业。"党的二十大报告强调，要引导、支持有意愿有能力的企业、社会组织和个人积极参与公益慈善事业。慈善事业是一项全民的事业，必须充分激发全民的爱心、调动全社会的热情，使全社会共同关心、支持和参与慈善事业。本款旨在进一步激发蕴藏在社会中的慈善正能量，促进全社会关心慈善、支持慈善、参与慈善，共同营造良好的慈善氛围，吸引更多有意愿有能力的企业、社会组织和个人积极投身参与慈善事业，发挥慈善促进社会公平正义、推动实现共同富裕的功能。

87. 政府及其有关部门在促进慈善事业发展方面有哪些主要职责？

一是纳入国民经济和社会发展规划。慈善法第八十三条第一款规定："县级以上人民政府应当将慈善事业纳入国民经济和社会发展规划，制定促进慈善事业发展的政策和措施。"这是对县级以上人民政府促进慈善事业发展职责的原则性、总括性规定。编制和实施国民经济和社会发展五年规划，是治国理政的重要方式，将慈善事业纳入国民经济和社会发展规划，这既是对国务院及其有关部门的要求，也是对县级以上地方人民政府及其有关部门的要求。《中共中央关于制定国民经济和社会发展第十四个五年规划和二〇三五年远景目标的建议》明确指出，要"发挥第三次分配作用，发展慈善事业，改善收入和财富分配格局"。2024年政府工作报告提出了"引导支持社会组织、人道救助、志愿服务、公益慈善等健康发展"的明确要求。

二是制定具体的政策和措施。首先要落实慈善法关于政府职能范围内的条款，如慈善信息共享（第八十四条）、税收优惠（第八十五条至第九十条）、土地支持（第九十三条）、金融支持（第九十四条）、政府购买服务（第九十五条）、弘扬慈善文化（第九十七条）、慈善表彰制度（第一百条）等。其次要落实有关政策文件的要求，如要贯彻落实《国务院关于促进慈善事业健康发展的指导意见》的要求。根据该指导意见，县级以上人民政府要将发展慈善事业作为社会建设的重要内容，纳入国民经济和社会发展总体规划和相关专项规划，加强慈善与社会救助、社会福利、社会保险等社会保障制度的衔接。各有关部门要建立健全慈善工作组织协调机制，及时解决慈善事业发展中遇到的突出困难和问题。

三是提供慈善需求信息、提供指导和帮助。根据慈善法第八十三条第二款的规定，"县级以上人民政府有关部门应当在各自职责范围内，向慈善组织、慈善信托受托人等提供慈善需求信息，为慈善活动提供指导和帮助。"便于慈善资源供需对接，并为慈善活动提供政策、业务等方面的指导和帮助。例如，对于接受社会救助后仍需要帮扶的救助对象，民政部门要及时向慈善组织、慈善信托受托人等提供其慈善需求信息，帮助救助对象获得慈善帮扶，实现政府救助与社会帮扶有机结合，做到因情施救、各有侧重、互相补充。

四是建立慈善信息共享机制。慈善法第八十四条规定"县级以上人民政府民政部门应当建立与其他部门之间的慈善信息共享机制"。慈善信息是开展慈善活动、进行慈善事业监督管理过程中产生的信息。除民政部门外，财政、税务、金融监管、海关、卫生健康、医保、教育、住房城乡建设、人力资源和社会保障、文化、科技、生态环境、审计等部门，也会在各自职责范围内获取一定的慈善信息。建立民政部门与其他部门之间的慈善信息共享机制，有利于形成对慈善事业监督管理的合力，有利于提高政府服务效率、质量与决策水平，有利于提高慈善资源使用效益、促进我国慈善事业健康发展。

88. 国家是否对慈善事业实施税收优惠政策？

税收参与三次分配全过程，是影响三次分配关系的基础性制度，在慈善事业的各种激励机制中，税收优惠是最为有效的政策杠杆。国内外实践表明，税收政策是关乎慈善事业可持续发展的重大促进政策，是现代慈善事业得以发展壮大的重要因素。党的十八届三中全会《中共中央关于全面深化改革若干重大问题的决定》中提出，"完善慈善捐助减免税制度，支持慈善事业发挥扶贫济困积极作用"。健全慈善税收优惠有关制度，对发挥慈善第三次分配作用、推动共同富裕具有重要意义。在慈善法出台之前，我国也存在涉及慈善组织、捐赠人、受益人等方面的税收优惠政策，但较为零散。慈善法第八十五条第二款对慈善税收优惠作出原则性规定，并另有多个条款规定促进慈善事业发展的税收优惠措施。

在慈善法制定、审议和修改过程中，社会各界都提出了关于完善税收优惠的相关规定的意见建议。但关于如何完善慈善事业的税收优惠规定，存在两种意见。有的意见认为，按照党的十八届三中全会关于"税收优惠政策由专门税收法律法规规定，清理规范税收优惠政策"的明确要求和立法法的规定，税收优惠政策应统一由专门税收法律法规规定。考虑到税收法律体系的完整性，慈善法等非税收类专门法律不宜对税收优惠作具体规定。慈善法应对慈善活动的税收优惠作出指引性的原则规定，或者再简化一些，将第七十九条、第八十条、第八十一条规定合并为一条，仅规定慈善活动依法享受税收优惠。如需进一步加大对慈善活动的税收优惠力度，可通过修改完善单行税收法律法规来实现，不宜在慈善法中作具体规定。有的意见则提出，目前税收制度不完善是制约慈善事业快速发展的一个关键因素。比如，税收优惠政策主要集中于所得税，企业捐赠后虽然可以享受所得税方面的优惠，但在增值税、消费税等方面享受税收优惠力度较小；再如，税收优惠主要限于货币捐赠，捐赠实物往往难以享受税收优惠，个人和企业捐赠房产或者产品等实物，往往被视同销售，还要按销售商品先行缴纳有关税费等。慈善法作为慈善领域的一部基础性法律，有必要针对当前实践中存在的突出问题以及各方面的迫切要求，对慈善活动享受税收优惠作进一步规定，体现国家促进慈善事业发展的战略要求，在慈善法中给予明确的指引性规定，将给慈善事业健康发展带来重大的积极影响和长期效益。

立法部门曾就税收优惠政策问题反复召开座谈会、进行专题调研，并与相关方面多次沟通协调。考虑到我国立法惯例和党的十八届三中全会决定关于"税收优惠政策统一由专门税收法律法规规定"的精神，最终在慈善法中只对慈善组织依法享受税收优惠作了原则性、指引性的规定，具体的税种、税率如何优惠等问题，则交由专门税收法律法规作出规定。同时，慈善法还作出了重要的授权性规定，授权国务院财政、税务部门会同民政部门依照税收法律、行政法规的规定制定税收优惠的具体办法。

89. 慈善组织享受的税收优惠有哪些？

慈善法第八十六条规定："慈善组织及其取得的收入依法享受税收优惠。"按照我国公益事业捐赠法、企业所得税法、个人所得税法及其实施条例等有关法律法规和政策文件的规定，慈善组织的税收优惠涉及所得税、增值税、房产税、关税等多个税种及多个环节，其中最核心的是所得税优惠，也涉及增值税、土地和房屋契税、房产税和城镇土地使用税、土地增值税等多个方面。

目前我国对慈善组织的所得税优惠政策主要体现在"免税收入"方面，按照企业所得税法、企业所得税法实施条例及相关配套政策规定，取得免税资格的慈善组织，其符合条件的收入，如接受捐赠收入、会费收入、财政补助收入等按照法律有关规定免征企业所得税。企业所得税法第二十六条规定，企业的下列收入为免税收入："……（四）符合条件的非营利组织的收入。"此项适用于符合条件的非营利组织（包括符合条件的慈善组织）。按照企业所得税法的规定，符合条件的非营利组织的收入为免税收入，免征企业所得税。财政部、国家税务总局《关于非营利组织企业所得税免税收入问题的通知》（财税〔2009〕122号）规定，符合条件的非营利组织企业所得税免税收入范围包括：（1）接受其他单位或者个人捐赠的收入；（2）除企业所得税法第七条规定的财政拨款以外的其他政府补助收入，但不包括因政府购买服务取得的收入；（3）按照省级以上民政、财政部门规定收取的会费；（4）不征税收入和免税收入孳生的银行存款利息收入；（5）财政部、国家税务总局规定的其他收入。

企业、慈善组织每一纳税年度的收入总额，减除不征税收入、免税收入、各项扣除以及允许弥补的以前年度亏损后的余额，为应纳税所得额。因此，除免税收入外，慈善组织取得的不征税收入也应从应纳税所得额中减除。关于不征税收入，企业所得税法第七条规定，收入总额中的下列收入为不征税收入：（1）财政拨款；（2）依法收取并纳入财政管理的行政事业性收费、政府性基金；（3）国务院规定的其他不征税收入。由此，慈善组织获得的财政拨款、行政事业性收费、政府性基金等合法收入在计算收入总额时直接作为不征税收入，不计入企业应纳税所得额。

国家对慈善活动采取的各项税收优惠措施日渐全面，尤其是自2008年汶川地震以来，进一步加大了对慈善事业的税收优惠力度，扩大了优惠税种。比如，《中华人民共和国契税法》规定，非营利性的学校、医疗机构、社会福利机构承受土地、房屋权属用于办公、教学、医疗、科研、养老、救助的免征契税。

需要注意的是，慈善组织作为非营利组织的一种，依法享受税收优惠。慈善组织享受所得税税收优惠等前提是该组织取得免税资格。企业所得税法第二十六条、企业所得税法实施条例第八十四条，以及《财政部 国家税务总局关于非营利组织免税资格认定管理有关问题的通知》（以下简称《通知》），对非营利组织应当符合的条件作了具体规定，明确财政、税务部门对非营利组织享受免税的资格联合进行审核确认，并定期予以公布。《通知》规定，认定符合条件的非营利组织，必须同时满足以下条件：（1）依照国家有关法律法规设立或登记的事业单位、社会团体、基金会、社会服务机构、宗教活动场所、宗教院校以及财政部、税务总局认定的其他非营利组织；（2）从事公益性或者非营利性活动；（3）取得的收入除用于与该组织有关的、合理的支出外，全部用于登记核定或者章程规定的公益性或者非营利性事业；（4）财产及其孳息不用于分配，但不包括合理的工资薪金支出；（5）按照登记核定或者章程规定，该组织注销后的剩余财产用于公益性或者非营利性目的，或者由登记管理机关采取转赠给与该组织性质、宗旨相同的组织等处置方式，并向社会公告；（6）投入人对投入该组织的财产不保留或者享有任何财产权利，本款所称投入人是指除各级人民政府及其部门外的法人、自然人和非法人组织；（7）工作人员工资福利开支控制在规定的比例内,不变相分配该组织的财产,其中:工作人员平均工资薪金水平不得超过税务登记所在地的地市级(含地市级)以上地区的同行业同类组织平均工资水平的两倍,工作人员福利按照国家有关规定执行;(8)对取得的应纳税收入及其有关的成本、费用、损失应与免税收入及其有关的成本、费用、损失分别核算。非营利组织免税优惠资格的有效期为五年。非营利组织应在免税优惠资格期满后六个月内提出复审申请,不提出复审申请或复审不合格的,其享受免税优惠的资格到期自动失效。

90. 对慈善捐赠享受税收优惠有哪些主要规定?

慈善法第八十七条规定:自然人、法人和非法人组织捐赠财产用于慈善活动的,依法享受税收优惠。

一是企业捐赠扣除。企业所得税法第九条规定,企业发生的公益性捐赠支出,在年度利润总额百分之十二以内的部分,准予在计算应纳税所得额时扣除;超过年度利润总额百分之十二的部分,准予结转以后三年内在计算应纳税所得额时扣除。企业所得税法实施条例第五十三条规定,企业当年发生以及以前年度结转的公益性捐赠支出,不超过年度利润总额百分之十二的部分,准予扣除。年度利润总额,是指企业依照国家统一会计制度的规定计算的年度会计利润。同时,企业捐赠支出超过当年法定税前扣除限额时,可向后结转三年。

二是个人捐赠扣除。个人所得税法第六条规定,应纳税所得额的计算:个人将其所得对教育、扶贫、济困等公益慈善事业进行捐赠,捐赠额未超过纳税人申报的应纳税所得额百分之三十的部分,可以从其应纳税所得额中扣除;国务院规定对公益慈善事业捐赠实行全额税前扣除的,从其规定。个人所得税法实施条例第十九条规定,个人所得税法第六条第三款所称个人将其所得对教育、扶贫、济困等公益慈善事业进行捐赠,是指个人将其所得通过中国境内的公益性社会组织、国家机关向教育、扶贫、济困等公益慈善事业的捐赠;所称应纳税所得额,是指计算扣除捐赠额之前的应纳税所得额。

三是必须向具有公益性捐赠税前扣除资格的慈善组织捐赠且用于公益慈善事业。根据财政部、税务总局、民政部《关于公益性捐赠税前扣除有关事项的公告》,企业和个人的公益性捐赠需要满足一定的条件才能够享受税前扣除的优惠。具体包括:企业或个人通过公益性社会组织、县级以上人民政府及其部门等国家机关,用于符合法律规定的公益慈善事业捐赠支出,准予按税法规定在计算应纳税所得额时扣除;本公告第一条所称公益慈善事业,应当符合《中华人民共和国公益事业捐赠法》第三条对公益事业范围的规定或者《中华人民共和国慈善法》第三条对慈善活动范围的规定。本公告第一条所称公益性社会组织，包括依法设立或登记并按规定条件和程序取得公益性捐赠税前扣除资格的慈善组织、其他社会组织和群众团体。依法登记的慈善组织和其他社会组织的公益性捐赠税前扣除资格确认及管理按本公告执行。因此，个人或者企业向慈善组织捐赠时，只有该慈善组织具备公益性捐赠税前扣除资格、且该笔捐赠用于公益慈善事业时，才能够享受税前扣除，同时有关文件也对社会组织取得公益性捐赠税前扣除资格的条件和认定程序作了规定。

四是境外向国内慈善活动捐赠物资，减免进口关税和进口环节增值税。境外，是指中华人民共和国海关关境以外的国家和地区。捐赠的主体，包括境外个人或组织。为了鼓励境外向国内慈善事业捐赠，我国有关法律、行政法规、部门规章，对境外捐赠用于慈善活动的物资，给予减免税的优惠。《中华人民共和国归侨侨眷权益保护法》规定，归侨、侨眷境外亲友捐赠的物资用于国内公益事业的，依照法律、行政法规的规定减征或者免征关税和进口环节的增值税。《中华人民共和国公益事业捐赠法》规定，境外向公益性社会团体和公益性非营利的事业单位捐赠的用于公益事业的物资，依照法律、行政法规的规定减征或者免征进口关税和进口环节的增值税。财政部、国家税务总局、海关总署联合制定并发布或由海关总署单独制定并发布的部门规章规定，境外捐赠人无偿向受赠人捐赠的直接用于慈善事业的物资，享受免征进口关税和进口环节增值税的待遇。属于对境外捐赠人无偿向受赠人捐赠的直接用于慈善事业的物资，由受赠人向海关申请办理减免税手续，海关按规定进行审核确认。

91. 对慈善信托享受税收优惠有哪些主要规定？

慈善法第八十八条规定："自然人、法人和非法人组织设立慈善信托开展慈善活动的，依法享受税收优惠。"慈善信托是慈善法在公益信托基础上创设的新的慈善工具，具有设立简便、保值增值、破产隔离等优势。慈善信托作为社会各界参与慈善事业的重要途径，在做大慈善"蛋糕"过程中有望成为非常有力的政策工具。

慈善法颁布之初就在慈善信托一章中规定，未按照前款规定将相关文件报民政部门备案的，不享受税收优惠。在一定程度上表示慈善信托可以享受税收优惠，但并未规定具体适用情形，实践中对备案慈善信托的具体税收政策长期难以落地，一定程度上影响了慈善信托的发展。在慈善法修改过程中，一些意见认为，当前慈善信托的法律性质、财产使用规则、慈善活动支出强度、信息公开等方面仍缺乏明确、严格的制度约束，在约束机制和监管制度尚不健全的情况下，对慈善信托给予特殊税收优惠政策，容易产生税收漏洞。但也有很多意见认为，从法律关系上看，自然人、法人和非法人组织设立慈善信托后，信托财产已由委托人委托给受托人，考虑到慈善信托的慈善属性和信托财产的独立性，委托人已失去对该信托财产的所有权且不得再以任何非正当理由取回或者变相获益；此外，信托终止时如有剩余财产，也要用于近似目的。从经济实质上看，设立慈善信托的行为与用财产设立慈善组织或向慈善组织捐赠财产相似，因此，基于税收中性的原则，设立慈善信托在税收待遇方面应当享受相同的待遇。

2023年慈善法修改首次正面规定慈善信托委托人依法享受税收优惠的内容，是对实践需求的回应，为慈善信托享受税收优惠提供了顶层法律规范，有望通过明确的法律指引解决这一制约慈善信托发展的重大障碍。考虑到慈善信托作为一项新生事物，慈善法关于设立慈善信托的税收优惠规定比较原则，具体如何享受税收优惠、享受何种税收优惠，还有待财政、税务、民政等相关部门制定配套文件。

92. 对受益人享受税收优惠有哪些主要规定？

关于受益人在接受慈善捐赠过程中依法享受税收优惠，

我国个人所得税法及其实施条例、《基金会管理条例》等法律法规中有所规定。《基金会管理条例》第二十六条规定，基金会及其捐赠人、受益人依照法律、行政法规的规定享受税收优惠。目前，对于受益人的优惠措施更多体现在个人所得税方面，对于企业作为受益人的税收优惠，则主要体现在汶川地震、玉树地震等灾后重建的税收优惠政策方面。

个人作为慈善活动的受益人，尤其是作为慈善捐赠的受捐赠人，所获得的捐赠收入是否应计入个人所得税法中规定的个人应税所得存在争议。有观点认为，只有符合个人所得税法第四条明确列举的免税所得，才能免征所得税；对于其他所得都应当依法纳税，因此要判断受益人取得的收入是否属于上述免税范围，如果不属于免税范围则应当纳税。另有观点认为，目前个人所得税涉及的九项应税所得范围，属于限定性列举，而慈善活动受益人取得的所得不属于九项个人所得中的任何一项，因而属于不征税收入，无须缴纳个人所得税。此外，个人所得税法第五条规定，有下列情形之一的，可以减征个人所得税，具体幅度和期限，由省、自治区、直辖市人民政府规定，并报同级人民代表大会常务委员会备案：（1）残疾、孤老人员和烈属的所得；（2）因自然灾害遭受重大损失的。国务院可以规定其他减税情形，报全国人民代表大会常务委员会备案。因此，有关受益人的税收优惠事宜，仍需要财税等相关部门予以明确。

对于企业作为受益人，按照有关规定，在一定情况下也可以享受税收优惠。《关于支持汶川地震灾后恢复重建有关税收政策问题的通知》规定，对受灾严重地区损失严重的企业，免征2008年度企业所得税；自2008年5月12日起，受灾地区企业通过公益性社会团体、县级以上人民政府及其部门取得的抗震救灾和灾后恢复重建款项和物资，以及税收法律、法规和该通知规定的减免税金及附加收入，免征企业所得税。财政和税务部门后续发布了《关于支持玉树地震灾后恢复重建有关税收政策问题的通知》《关于支持舟曲灾后恢复重建有关税收政策问题的通知》《关于支持芦山地震灾后恢复重建有关税收政策问题的通知》，其中也有对企业相关税收优惠的规定。

93. 有关部门应当为慈善税收优惠、权利转让等的手续办理提供哪些便利？

慈善法第九十条规定："慈善组织、捐赠人、受益人依法享受税收优惠的，有关部门应当及时办理相关手续。"一般来说，慈善组织、捐赠人以及受益人办理税收优惠的相关手续，涉及民政、财政以及税务等多部门联合工作。有部分慈善参与者提出，在具体实践操作过程中，程序较为烦琐，各部门之间缺乏及时沟通和高效率工作，容易使许多手续停滞，无法实现真正的税收优惠。为了解决这个问题，慈善法专门作出规定，要求有关部门应当及时办理慈善组织、捐赠人以及受益人的税收优惠。

通过本条的规定和实施，首先应实现税收优惠办理的常规化。在慈善税收减免、退税的办理上，税务部门需摒弃特事特办的观念，将其作为自身工作的重要组成部分，将其日常化、流程化。根据《关于公益性捐赠税前扣除有关事项的公告》（财政部 税务总局 民政部公告2020年第27号），每年年底前，省级以上财政、税务、民政部门按权限完成公益性捐赠税前扣除资格的确认和名单发布工作，并按不同审核对象，分别列示名单及其公益性捐赠税前扣除资格起始时间。公益性捐赠税前扣除资格在全国范围内有效，有效期为三年。对于捐赠人的税前扣除，应制定简便、快捷、易操作的所得税抵扣操作办法，以简化手续，提高效率。例如，对于机关、企事业单位统一组织员工开展公益捐赠的，纳税人可以凭汇总开具的捐赠票据和员工明细单扣除。税收优惠的办理，作为国家的法定职责，有关部门应当本着建设服务型政府的理念，为慈善活动各方提供及时、快捷的服务。慈善税收减免、退税应当设定法定时限，税务机关等部门应当遵守法定时限积极履行法定职责，不得无故拖延。在遵守法定时限基础上，本条的"及时"办理，还要求税务机关等部门在法律制度范围内，尽可能为相对人提供便利，尽可能提高效率。慈善税收优惠能够当场决定、当场办结的，有关机关应当场办结；不能当场办结的，应当尽快办结。

此外，慈善法还规定了免征行政事业性费用的优惠政策，第九十一条规定："捐赠人向慈善组织捐赠实物、有价证券、股权和知识产权的，依法免征权利转让的相关行政事业性费用。"

94. 国家对哪些领域的慈善活动实行特殊优惠政策？

慈善法第九十二条规定："国家对开展扶贫济困、参与重大突发事件应对、参与重大国家战略的慈善活动，实行特殊的优惠政策。"这条规定旨在通过特殊优惠政策引导慈善资源的流向。

慈善事业是我国基本经济制度、民生保障制度和社会治理制度的有机组成部分，应当与党和国家的中心任务更紧密结合，在调节收入分配、弥合贫富差距、促进社会和谐稳定方面发挥更大的作用。慈善法立法时就作出规定，"国家对开展扶贫济困的慈善活动，实行特殊的优惠政策"，这条规定有特定的历史背景，是促进慈善参与打赢脱贫攻坚战的具体措施。随着全面小康社会的建成和近年来的发展实际,实践表明,对鼓励引导慈善事业参与重大国家战略、应对重大突发事件应当形成更为常态化的机制。2023年慈善法修改中将该条规定进一步升级为"国家对开展扶贫济困、应对重大突发事件、参与重大国家战略的慈善活动,实行特殊的优惠政策"。

扶贫济困仍然是当前我国慈善事业的重点领域。消除贫困、改善民生、逐步实现共同富裕,是社会主义的本质要求。2020年,经过全党全国各族人民的共同努力,我国脱贫攻坚战取得了全面胜利,现行标准下的9899万农村贫困人口全面脱贫、832个贫困县全部摘帽,区域性整体贫困得到解决,完成了消除绝对贫困的艰巨任务。脱贫攻坚任务完成后,扶贫工作重心转向解决相对贫困,扶贫工作方式将由集中作战转向常态推进。2020年打赢脱贫攻坚战、全面建成小康社会后,要进一步巩固拓展脱贫攻坚成果,接续推动脱贫地区发展和乡村全面振兴。乡村振兴战略是党的十九大提出的一项重大战略,是关系全面建设社会主义现代化国家的全局性、历史性任务,是新时代"三农"工作总抓手。部分地方、部分脱贫群众存在较高的返贫风险,这就决定了脱贫攻坚战之后"三农"工作的首要任务就是坚决守住防止规模性返贫的底线,这也是乡村振兴战略全面实施的先决前提。要鼓励社会各界以扶贫济困、促进乡村振兴等国家战略为重点开展慈善活动。在政府保障困难群众基本生活的同时,鼓励和支持社会各界以扶贫济困、乡村振兴为重点开展慈善活动,有利于广泛汇聚社会帮扶资源,更好地满足困难群众多样化、多层次的需求,帮助他们摆脱困境、改善生活,为实现共同富裕做出贡献。

此外,在重大突发事件中,政府是应急慈善的领导主体,企业和社会组织扮演着不可或缺的角色,特别是慈善组织和志愿者在提供社区服务和应急服务方面发挥着重要作用。由于重大突发事件具有突发性、影响面广、危害大等特征,需要动员广泛的社会资源参与,因此国家应当给予社会力量参与重大突发事件应对以特别支持。

近年来,国务院有关部门先后发布《关于企业扶贫捐赠所得税税前扣除政策的公告》《关于扶贫货物捐赠免征增值税政策的公告》《关于北京2022年冬奥会和冬残奥会税收优惠政策的通知》等特殊优惠政策。

95. 慈善法对慈善事业还有哪些方面的支持措施?

一是设施用地支持。慈善法第九十三条规定:"慈善组织开展本法第三条第一项、第二项规定的慈善活动需要慈善服务设施用地的,可以依法申请使用国有划拨土地或者农村集体建设用地。慈善服务设施用地非经法定程序不得改变用途。"这里所指的"第一项"和"第二项"规定的慈善活动,是指"扶贫、济困"和"扶老、救孤、恤病、助残、优抚"。本条规定包括两个层面的含义:(1)对慈善组织开展特定的慈善服务给予土地支持。用地保障是一种物化的有形的保障,是慈善组织开展特定慈善服务的基本条件。根据原国土资源部发布的《划拨用地目录》的规定,非营利性的教育设施、体育设施、公共文化设施、社会福利设施等用地,可以采取划拨方式供地。慈善组织开展慈善活动如果涉及上述用地情形的,可以依法申请划拨用地。另外,农村公益性服务设施用地,可以依法使用农民集体所有的土地。(2)用途管制。为了保证慈善服务设施用地的公益性质,规范土地使用,确保服务供给数量,防止变相用于房地产开发以及其他借慈善之名牟取非法利益的情况发生,慈善法第九十三条规定:"……慈善服务设施用地非经法定程序不得改变用途。"擅自改变用途的,依照相关法律规定处理。比如,土地管理法第八十条规定,不按照批准的用途使用国有土地的,由县级以上人民政府土地行政主管部门责令交还土地,处以罚款。

二是金融政策支持。慈善法第九十四条规定:"国家为慈善事业提供金融政策支持,鼓励金融机构为慈善组织、慈善信托提供融资和结算等金融服务。"为慈善事业提供金融政策方面的支持,在世界发达国家较为常见。我国慈善法借鉴国外经验也作了相应规定。由于慈善组织财产的保值增值、慈善信托的设立实施、网络捐赠的日益普及等因素，现代慈善事业与金融的联系越发紧密，国家为慈善事业提供金融政策支持，鼓励金融机构为慈善组织、慈善信托提供金融服务，顺应了这些需求和趋势，将更好地促进我国慈善事业发展。2014年国务院出台的《关于促进慈善事业健康发展的指导意见》中指出，要加大社会支持力度，倡导金融机构根据慈善事业的特点和需求创新金融产品和服务方式，积极探索金融资本支持慈善事业发展的政策渠道。支持慈善组织为慈善对象购买保险产品，鼓励商业保险公司捐助慈善事业。随后各地方也出台了实施意见，进一步细化和丰富了金融创新的要求。比如，湖南省在其实施意见中指出，鼓励金融机构积极进行公益慈善类金融产品创新，为公益慈善资产提供保值增值服务，倡导金融机构为慈善捐助提供金融绿色通道等。

三是现代信息技术应用支持。慈善法第九十五条第二款规定，国家鼓励在慈善领域应用现代信息技术。现代信息技术已经深入社会生活的方方面面，慈善领域也应积极拥抱现代信息技术。现代信息技术包括互联网、大数据、人工智能等技术。上述技术的应用可以提高慈善组织的运营效率、管理水平和服务质量。例如，通过互联网公开募捐服务平台，慈善组织可以更广泛地宣传自己的项目、募集捐款，实现捐款的在线管理和透明公开。同时，现代信息技术的应用已经不限于线上筹款，大数据和人工智能技术可以服务于慈善组织的内部管理，能够帮助慈善组织更好地了解社会需求，优化项目设计和实施，提高资源利用效率。国家鼓励在慈善领域应用这些技术，旨在提高慈善事业的效率、透明度和公信力，更好地满足社会需求。

四是鼓励社会力量提供资金和能力建设支持。慈善法第九十五条第二款规定："……鼓励社会力量通过公益创投、孵化培育、人员培训、项目指导等方式，为慈善组织提供资金支持和能力建设服务。"除通过慈善捐赠、志愿服务等传统方式参与慈善事业外，社会力量还能通过公益创投、孵化培育、人员培训、项目指导等方式给予慈善事业以全方位、立体性支持。公益创投是将风险投资的工具引入慈善领域，它通过向慈善组织提供财务和非财务的支持，以提升慈善组织自身的能力及社会影响。公益创投中，投资机构或个人以社会效益为导向，向慈善组织提供资金支持。这种投资方式并非追求经济回报，而是更为关注项目对社会的正面影响。除了资金，它还提供管理和技术支持，通过与被资助者建立长期的合作伙伴关系，达到促进能力建设和模式创新的目的。它与商业投资本质的区别在于其投资目标的非营利性，公益创投不要求经济回报，或者将投资回报继续用于公益事业。此外，社会力量支持的方式还包括：（1）孵化培育，即通过孵化器等平台，提供资源、指导和支持，帮助慈善组织发展壮大。这可能包括提供办公空间，专业培训，筹款、财务、法律咨询等服务。人员培训，即提供专业技能培训，帮助慈善组织的工作人员提升管理水平和专业能力。（2）项目指导，即提供项目管理、执行、监督等方面的指导，帮助慈善组织更有效地实施项目、提供服务。

96. 什么是政府购买服务，慈善法对此作了什么规定？

慈善法第九十五条第一款规定："各级人民政府及其有关部门可以依法通过购买服务等方式，支持符合条件的慈善组织向社会提供服务，并依照有关政府采购的法律法规向社会公开相关情况。"

政府购买服务是一种新型的政府提供公共服务方式。一般来说，政府购买服务是指政府通过公开招标、定向委托、邀标等形式将原本由自身提供的公共服务转交给社会组织、企事业单位提供，以提高公共服务供给的质量和财政资金的使用效率，改善社会治理结构，满足公众的多元化、个性化需求。自20世纪70年代末起，许多发达国家都逐步将政府购买公共服务作为重要环节纳入政府改革实践框架之中，取得了重大成效，不仅满足了公众的需求，而且提高了政府效率。随着服务型政府的加快建设和公共财政体系的不断健全,我国也开始大力推广政府购买公共服务工作。2013年,《国务院办公厅关于政府向社会力量购买服务的指导意见》出台,又先后出台了政府采购法和《政府购买服务管理办法》。要求通过发挥市场机制作用,把政府直接向社会公众提供的一部分公共服务事项,按照一定的方式和程序,交由具备条件的社会力量承担。

政府购买服务和慈善事业发展之间有密切关联。政府原本承担的一些公共服务职能,如老年人和残疾人照料等,多数可以交由慈善组织来承担,这不仅可以提高服务的效率和精准度,还可以解决慈善组织发展经费不足等问题,促进慈善服务的规范化发展。因此,慈善法将政府购买服务作为促进慈善事业发展的一项重要措施。各级人民政府及其有关部门都可以依法通过购买服务等方式,支持符合条件的慈善组织向社会提供服务。这符合政府改革方向、慈善事业发展趋势和慈善组织使命,不仅有利于进一步转变政府职能、改善公共服务,还有利于慈善组织承接政府购买服务,实现慈善组织之间的良性竞争,提高慈善组织服务水平。

97. 慈善法对发展社区慈善作了哪些规定?

慈善法第九十六条规定:"国家鼓励有条件的地方设立

社区慈善组织，加强社区志愿者队伍建设，发展社区慈善事业。"

城乡社区是社会治理的基本单元，城乡社区治理事关党和国家大政方针贯彻落实，事关居民群众切身利益，事关城乡基层和谐稳定。社区慈善是兼具古老传统和新时代特点的事物。既包括邻里帮扶、守望相助的传统慈善活动，也包括以专门组织机构为载体、筹集慈善资源对社区居民提供帮扶的现代慈善活动。随着基层社区治理体系和治理能力建设不断推进，社区慈善逐渐成为群众切实需要、政府鼓励支持、行业普遍关注的创新社会治理新范式。

早在2006年，国务院下发的《国务院关于加强和改进社区服务工作的意见》就指出，大力发展社区慈善事业，加强社区捐助接收点，"慈善超市"的建设和管理。2017年《中共中央 国务院关于加强和完善城乡社区治理的意见》首次提出"鼓励通过慈善捐赠、设立社区基金会等方式，引导社会资金投向城乡社区治理领域"。2021年《中共中央 国务院关于加强基层治理体系和治理能力现代化建设的意见》进一步要求"创新社区与社会组织、社会工作者、社区志愿者、社会慈善资源的联动机制，支持建立乡镇（街道）购买社会工作服务机制和设立社区基金会等协作载体"。在政策大力扶持和群众积极创新的背景下，近年来社区慈善事业蓬勃发展，参与主体不断壮大，资金来源日益多元，服务领域持续拓展，但也存在一些发展中的问题。近年来，以《上海市慈善条例》为代表的部分地方法规开始对社区慈善有所规定。

在 2023 年慈善法修改过程中，各方面均普遍认为，社区慈善是激发和体现邻里互助、互帮互爱精神的源头场所，与公众日常生活紧密相关，发挥着凝聚社区信任、社区资源的重任。发展社区慈善既有助于为社区弱势群体提供更有针对性的服务，也有助于进一步完善社区治理体系，提升社区治理现代化水平。立法工作机构总结实践经验和地方法规探索，对社区慈善作出原则性规定，鼓励有条件的地方设立社区慈善组织，从而能够更加组织化、专业化地募集、管理和使用社区慈善资源，设计和执行慈善项目、开展慈善活动。同时，也强调发挥社区志愿者的作用，强化社区志愿者队伍建设，为社区慈善事业的健康发展注入专业力量。

98. 慈善法对弘扬慈善文化作了哪些规定？

中国慈善事业植根于中华优秀传统文化，立足中国特色社会主义基本国情，走出了中国特色的发展之路。在我国传统文化中，历来尊崇持节诚信、厚仁贵和、敦亲重义，也将乐善好施、扶贫济困、尊老爱幼奉为美德。随着时代的变迁，慈善又被赋予新的更丰富的内涵，成为一种具有广泛基础的群众性和社会性的互爱、互敬、互帮、互助的社会活动。随着我国慈善事业的蓬勃发展，人们的慈善意识不断提高，驱动更多的单位和个人投身慈善、奉献爱心。但从整体上看，全社会的慈善氛围还不够浓厚，有的人对慈善的认识还不够科学，成为我国慈善事业进一步快速发展的制约因素。大力弘扬慈善文化，既是弘扬中华民族传统美德、培育和践行社会主义核心价值观的内在要求，也是增强公民慈善意识、培育慈善氛围的重要举措，有利于引导全社会认识慈善、支持慈善、参与慈善，有助于社会成员在义行善举中不断积累道德力量，将社会主义核心价值观内化于心、外化于行，为实现中华民族伟大复兴的中国梦提供持久的精神力量。

慈善法第九十七条对弘扬慈善文化作了规定：一是国家采取措施弘扬慈善文化，培育公民慈善意识。二是学校等教育机构应当将慈善文化纳入教育教学内容。国家鼓励高等学校培养慈善专业人才，支持高等学校和科研机构开展慈善理论研究。三是广播、电视、报刊、互联网等媒体应当积极开展慈善公益宣传活动，普及慈善知识，传播慈善文化。这三款规定是相辅相成的。第一款规定表明了慈善文化的重要地位，明确了国家采取措施弘扬慈善文化、培育公民慈善意识的总体要求。第二款、第三款规定则是弘扬慈善文化的具体措施，包括慈善文化教育、慈善专业人才培养、慈善理论研究、慈善宣传等重要举措，涉及教育机构、高等学校、科研机构和广播、电视、报刊、网站等主体，这些要求和措施，有利于慈善意识融入社会公众的基本价值观和行为取向，有利于从思想根源上解决当前慈善事业发展所面临的参与度不足等问题，有利于推动慈善事业更好地发挥扶贫济困、服务社会等积极作用，使慈善事业发展的根基越来越深厚。

99. 捐赠人对其捐赠的慈善项目可冠名纪念吗？

慈善法第九十九条规定："经受益人同意，捐赠人对其捐赠的慈善项目可以冠名纪念，法律法规规定需要批准的，从其规定。"

根据这一规定，只要经过受益人同意，捐赠人可以对其捐赠的慈善项目冠名纪念，但法律法规规定需要批准的，要履行审批手续。例如，公益事业捐赠法第十四条规定："捐赠人对于捐赠的公益事业工程项目可以留名纪念；捐赠人单独捐赠的工程项目或者主要由捐赠人出资兴建的工程项目，可以由捐赠人提出工程项目的名称，报县级以上人民政府批准。"《中华人民共和国民办教育促进法实施条例》第五十三条规定："民办学校可以依法以捐赠者的姓名、名称命名学校的校舍或者其他教育教学设施、生活设施。捐赠者对民办学校发展做出特殊贡献的，实施高等学历教育的民办学校经国务院教育行政部门按照国家规定的条件批准，其他民办学校经省、自治区、直辖市人民政府教育行政部门或者人力资源社会保障行政部门按照国家规定的条件批准，可以以捐赠者的姓名或者名称作为学校校名。"

在我国慈善捐赠过程中，捐赠者获得冠名权现象比较常见。比如，企业家田家炳投资数亿建立田家炳基金会，20多年来，共在上百所学校捐建教学楼，许多教学楼都以田家炳先生名义冠名；企业家邵逸夫以"邵氏基金会"的名义捐赠大量资金支持内地教育事业，目前几乎有名的高校都建有逸夫楼、逸夫体育馆等以邵逸夫命名的教学设施；等等。通过捐赠冠名，冠名者可以提高社会知名度和美誉度，彰显自身的人格价值，并内化为丰厚的无形资产。而被冠名方则由此获得了有力的资金支持，可以推进自身事业发展。

100. 国家为什么要建立慈善表彰制度？

慈善法第一百条规定："国家建立慈善表彰制度，对在慈善事业发展中做出突出贡献的自然人、法人和非法人组织，由县级以上人民政府或者有关部门予以表彰。"国家对为慈善事业发展做出突出贡献、社会影响较大的个人、法人或者非法人组织予以表彰奖励是推动慈善事业健康发展的重要举措。建立和完善慈善表彰奖励制度，是适应我国慈善事业蓬勃发展态势的必然要求，是吸引鼓励社会各界参与慈善事业的重要手段，是引导慈善行为、提升慈善效果的重要途径，是培育和践行社会主义核心价值观的重要方式。

近年来，部分省（区、市）以省级政府或民政部门等名义，开展了针对慈善事业的评选表彰活动，表彰奖励了一大批为慈善事业做出突出贡献的个人、企业、机构和项目，显著提升了慈善氛围，有效推动了社会建设，弘扬了社会主义核心价值观，带动了更多公众投身慈善、友爱互助。但与此同时，有些地区尚未建立慈善表彰奖励制度，个别政府性慈善评选表彰工作不够规范、宣传报道不够充分，社会参与度和影响力有待提升。

2014年《国务院关于促进慈善事业健康发展的指导意见》指出，国家对为慈善事业作出突出贡献、社会影响较大的个人、法人或者组织予以表彰。民政部要根据慈善事业发展的实际情况，及时修订完善"中华慈善奖"评选表彰办法，组织实施好评选表彰工作，在全社会营造良好的慈善氛围。各省（区、市）人民政府可按国家有关规定建立慈善表彰奖励制度。为贯彻落实《国务院关于促进慈善事业健康发展的指导意见》中关于"完善慈善表彰奖励制度"的明确要求，民政部、人力资源和社会保障部联合发布了《关于建立和完善慈善表彰奖励制度的指导意见》，对各级政府开展的慈善表彰奖励工作进行规范和指导。

一些地方性法规也对慈善事业表彰作出了规定，如《重庆市慈善条例》第二十六条规定，本市开展"重庆慈善奖"评选。按照相关规定，对在慈善事业中做出突出贡献的自然人、法人和非法人组织，由市、区县（自治县）人民政府或者有关部门予以表彰。慈善组织可以采取发放捐赠证书、纪念徽标、纪念牌匾等方式，对参与慈善活动的自然人、法人和非法人组织给予褒扬。

101. 慈善法对健全慈善信用记录和激励作了哪些规定？

慈善法第一百零一条规定："县级以上人民政府民政等有关部门将慈善捐赠、志愿服务记录等信息纳入相关主体信用记录，健全信用激励制度。"本条以法律的形式明确将慈善捐赠、志愿服务记录纳入信用管理，对于构建我国社会信用体系、营造"守信者处处受益，失信者寸步难行"的氛围具有重要意义。

《国务院关于建立完善守信联合激励和失信联合惩戒

制度 加快推进社会诚信建设的指导意见》指出，充分运用信用激励和约束手段，加大对诚信主体激励和对严重失信主体惩戒力度，让守信者受益、失信者受限，形成褒扬诚信、惩戒失信的制度机制。加快建立健全各省（区、市）信用信息共享平台和各行业信用信息系统，推动青年志愿者信用信息系统等项目建设，归集整合本地区、本行业信用信息，与全国信用信息共享平台实现互联互通和信息共享。2018年，国家发展改革委、中国人民银行、民政部等40个部门和单位联合签署了《关于对慈善捐赠领域相关主体实施守信联合激励和失信联合惩戒的合作备忘录》（以下简称《备忘录》）并正式发布，相关部门共享慈善捐赠领域的红黑名单，对慈善捐赠领域相关主体实施守信联合激励和失信联合惩戒，此举意味着我国慈善捐赠领域正式纳入社会信用管理体系范畴。

102. 慈善法对慈善国际交流合作作了哪些规定？

民间组织是推动经济社会发展、参与国际合作和全球治理的重要力量。慈善组织代表民众、承载民意，在国际合作中具有天然的亲和力。中国诸多社会组织依托"一带一路"倡议等平台，开展了一系列特色鲜明的活动，以实际行动持续深化世界各国民心相通，助力共建"一带一路"行稳致远。由于慈善组织不以营利为目的、具有公益性,倡导志愿精神,以实现社会公共利益和人类共同福祉为价值追求。因而,在解决全球治理难题、推动"一带一路""软联通""心联通"方面,具有不可替代的优势,能够持续推动各国间的互联互通、互学互鉴、互利共赢,为"共享"夯实基础,更能够着眼人类共同命运和共同利益提出愿景、谋划工作、提供公共产品和服务。慈善法第一百零二条第一款规定:"国家鼓励开展慈善国际交流与合作。"

慈善法第一百零二条第二款则明确慈善组织与境外合作的程序,规定"慈善组织接受境外慈善捐赠、与境外组织或者个人合作开展慈善活动的,根据国家有关规定履行批准、备案程序。"例如,根据《中华人民共和国境外非政府组织境内活动管理法》第十六条的规定,境外非政府组织未在中国境内设立代表机构,在中国境内开展临时活动的,应当与中国的国家机关、人民团体、事业单位、社会组织(以下称中方合作单位)合作进行。第十七条规定,境外非政府组织开展临时活动,中方合作单位应当按照国家规定办理审批手续,并在开展临时活动十五日前向其所在地的登记管理机关备案。此外,慈善组织还应当根据相关要求,履行重大事项报备手续。比如,根据《民政部直管社会组织重大事项报告管理暂行办法》

第五条规定："直管社会组织的下列事项，应当履行报批程序……（五）申办和承办国际或涉港澳台会议、论坛等活动；（六）与境外组织、人员开展项目合作，接受境外捐赠资助，加入境外非政府组织，邀请境外组织和人员（参照外事部门备案的有关规定）来访或参加活动；（七）在境外开展业务活动、执行合作项目或设立分支（代表）机构，组织出国（境）开展交流活动或参加会议、论坛、培训等……"

监督管理

103. 对慈善活动的日常监管职责由哪些部门承担？

慈善法第六条规定："县级以上人民政府应当统筹、协调、督促和指导有关部门在各自职责范围内做好慈善事业的扶持发展和规范管理工作。国务院民政部门主管全国慈善工作，县级以上地方各级人民政府民政部门主管本行政区域内的慈善工作；县级以上人民政府有关部门依照本法和其他有关法律法规，在各自的职责范围内做好相关工作，加强对慈善活动的监督、管理和服务；慈善组织有业务主管单位的，业务主管单位应当对其进行指导、监督。"第一百零三条规定："县级以上人民政府民政部门应当依法履行职责，对慈善活动进行监督检查，对慈善行业组织进行指导。"根据慈善法的规定，对慈善活动的日常监管职责主要由民政部门承担，其他有关部门在各自职责范围内做好相关工作。

民政部门作为慈善工作的主管部门,除了负责慈善组织登记认定、公开募捐资格审查、慈善信托备案、公开募捐方案备案等以外,民政部门的日常监管职责还包括:一是受理慈善组织每年报送的年度工作报告和财务会计报告;二是对慈善活动进行监督检查;三是对慈善组织、慈善信托受托人的信息公开进行监督;四是建立慈善组织及其负责人、慈善信托受托人信用记录;五是组织开展慈善组织评估;六是受理相关投诉和举报,并及时调查处理;七是对慈善组织的违法违规行为以及非法公开募捐的组织和个人依法予以查处;八是法律法规赋予的其他职责。需要指出的是,民政部门对慈善活动的日常监管,不仅是针对慈善组织和慈善信托,也包括其他组织和个人的慈善活动。

政府其他有关部门虽然不是慈善事业主管部门,但对与本部门职责有关的涉及慈善的活动也负有监管责任。比如,公安部门有权对假借慈善名义或者假冒慈善组织骗取财产等行为进行查处,税务部门有权对慈善组织弄虚作假骗取税收优惠等行为进行查处,财政部门可以对捐赠票据使用情况进行专项检查或者抽查。广播、电视、报刊,以及网络服务提供者、电信运营商未对利用其平台开展公开募捐的慈善组织履行验证义务的,由主管部门予以处罚或通报批评,等等。此外,对于有业务主管单位的慈善组织,业务主管单位也应当对该慈善组织进行指导、监督,包括指导、监督慈善组织依据法律和章程开展公益活动;配合登记管理机关、其他执法部门查处慈善组织的违法行为等。

随着慈善事业的发展,慈善活动日益多样化、复杂化。加强和改善对慈善活动的日常监管,是保证慈善活动依法开展、提升慈善公信力的重要保障。在降低登记门槛、简化登记程序、改革年检制度的大背景下,各级政府民政等有关部门需要把工作重心转移到对慈善活动的日常监督管理上来。

104. 民政部门对涉嫌违法的慈善组织可以采取哪些措施,应当遵循什么程序?

慈善法第一百零四条规定:"县级以上人民政府民政部门对涉嫌违反本法规定的慈善组织、慈善信托的受托人,有权采取下列措施:(一)对慈善组织、慈善信托的受托人的住所和慈善活动发生地进行现场检查;(二)要求慈善组织、慈善信托的受托人作出说明,查阅、复制有关资料;(三)向与慈善活动有关的单位和个人调查与监督管理有关的情况;(四)经本级人民政府批准,可以查询慈善组织的金融账户;(五)法律、行政法规规定的其他措施。慈善组织、慈善信托的受托人涉嫌违反本法规定的,县级以上人民政府民政部门可以对有关负责人进行约谈,要求其说明情况、提出改进措施。其他慈善活动参与者涉嫌违反本法规定的，县级以上人民政府民政部门可以会同有关部门调查和处理。"以上监督检查措施是法律赋予民政部门的法定职权，民政部门依法履行监督管理职责进行监督检查时，有关单位和个人应当予以配合，拒绝、阻碍执法人员查处违法活动的，将由公安机关依法处罚；构成犯罪的，依法追究刑事责任。

程序正当是依法行政的基本要求。行政机关实施行政管理，必须严格遵循法定程序，依法保障行政管理相对人、利害关系人的合法权益。行政机关工作人员履行职责，与行政管理相对人存在利害关系时，应当回避。慈善法对民政部门实施监督检查的程序也作出了规定。其第一百零五条规定："县级以上人民政府民政部门对慈善组织、有关单位和个人进行检查或者调查时，检查人员或者调查人员不得少于二人，并应当出示合法证件和检查、调查通知书。"

行政强制法专门规定了采取行政强制措施的程序。该法第十八条规定，行政机关实施行政强制措施应当遵守下列规定：（1）实施前须向行政机关负责人报告并经批准；（2）由两名以上行政执法人员实施；（3）出示执法身份证件；（4）通知当事人到场；（5）当场告知当事人采取行政强制措施的理由、依据以及当事人依法享有的权利、救济途径；（6）听取当事人的陈述和申辩；（7）制作现场笔录；(8)现场笔录由当事人和行政执法人员签名或者盖章，当事人拒绝的，在笔录中予以注明；(9)当事人不到场的，邀请见证人到场，由见证人和行政执法人员在现场笔录上签名或者盖章；(10)法律、法规规定的其他程序。这些规定，也是民政部门在采取相关的措施时必须遵循的。

另外，民政部门对涉嫌违法的组织和个人采取措施时，还应当遵循《中华人民共和国行政处罚法》《基金会管理条例》《社会团体登记管理条例》《民办非企业单位登记管理暂行条例》等相关法律法规的规定。

105. 为什么要建立慈善组织及其负责人信用记录制度？

慈善组织及其负责人信用记录制度是慈善法确立的一项重要监管制度。该法第一百零六条第一款规定："县级以上人民政府民政部门应当建立慈善组织及其负责人、慈善信托的受托人信用记录制度，并向社会公布。"信用记录制度是指关于信用及信用关系的制度安排，是对信用行为及关系的规范和保证，是约束人们信用活动和关系的行为规则。建立慈善组织及其负责人、慈善信托的受托人信用记录制度，对于转变政府部门管理方式、完善慈善组织监管制度、规范慈善组织健康有序发展都具有十分重要的意义。

第一，建立慈善组织及其负责人、慈善信托的受托人信用记录制度是市场经济的客观要求。现代市场经济是诚信经济,市场交易关系和交易行为更多地表现为信用关系,市场化程度越高,对市场主体诚信的发育程度要求也就越高。慈善组织、慈善信托的受托人作为市场主体之一,自然也不能忽视自身公信力的建设。慈善组织及其负责人、慈善信托的受托人在参与慈善活动中形成的信用记录是参与社会经济生活信用记录的重要组成部分。慈善组织及其负责人、慈善信托的受托人在慈善活动中是否诚信,一定程度上也反映了其在参与其他社会经济生活中是否能做到诚信。

第二,建立慈善组织及其负责人、慈善信托的受托人信用记录制度是改进慈善管理的有效手段。慈善法的出台带来了慈善组织和慈善信托数量的增长,与此同时,政府部门对于慈善组织和慈善信托管理服务的任务也随之大幅增加。面对这种情况,要实现对慈善组织和慈善信托放得开、管得住的要求,就需要转变政府管理方式,既要发挥政府各部门的综合监管效能,又要畅通社会监督渠道,发挥慈善组织和慈善信托自律作用;既要坚持依法管理,加强法律保障,又要运用诚信自律、道德约束等方式化解矛盾、解决问题。信用记录制度的建立,正是实现这一目标的有效手段和必由之路。特别是将慈善组织及其负责人、慈善信托的受托人信用记录制度纳入整体社会信用体系建设之中，将其在慈善活动和相关活动中的信用记录纳入整体的社会信用记录，能够有效地约束慈善组织、慈善信托及其相关从业人员的行为。

第三，建立慈善组织及其负责人、慈善信托的受托人信用记录制度是重塑慈善组织、慈善信托与捐赠人关系，防范慈善道德风险的需要。慈善组织、慈善信托的受托人作为慈善活动的主体，与热心慈善事业的捐赠人有着密切的信用关系往来，捐赠人的捐赠是慈善组织得以生存发展的重要资金来源，同时，捐赠人要想实现自己的慈善目的，也非常需要借助慈善组织和慈善信托的力量。总体上看，我国的慈善组织和慈善信托还处于发展的初级阶段，有些慈善组织内部治理不完善，组织机构不健全，民主管理不落实，财务管理不透明，自律性和诚信度不高，社会公信力不足，有的甚至违背慈善宗旨，打着慈善的幌子变相敛财。这些缺失诚信的行为严重损害了慈善组织、慈善信托的公信力和社会形象，影响了捐赠人、潜在捐赠人以及社会公众与慈善组织之间的信任关系，影响了慈善组织以及慈善信托事业的健康有序发展。这不仅是对慈善组织、慈善信托的伤害，也是对热心慈善事业的社会各界力量的伤害。因此，需要通过建立慈善组织及其负责人、慈善信托的受托人信用记录制度，推进慈善组织、慈善信托诚信建设，引导慈善组织、慈善信托建立健全自律机制，实现自我约束、自我管理、自我规范，更好地维护公众利益，服务社会，真正树立慈善组织的良好形象。

106. 建立慈善组织评估制度有何意义？

慈善法第一百零六条第二款规定："县级以上人民政府民政部门应当建立慈善组织评估制度，鼓励和支持第三方机构对慈善组织的内部治理、财务状况、项目开展情况以及信息公开等进行评估，并向社会公布评估结果。"这既是对多年来民政部门开展社会组织评估工作经验的总结，也为今后开展慈善组织评估工作指明了方向。

随着我国经济发展和社会进步，以基金会为代表的各类慈善组织得到较快发展，在开展慈善活动、提供公共服务、促进公益事业等方面发挥了重要作用。但是一些慈善组织在发展中还存在组织机构不健全、内部治理不完善、组织行为不规范、社会公信力不高等问题。作为社会组织中最能体现社会关爱精神、自身运作最为复杂、公众关注度最强、社会期望值最高的一类组织，慈善组织的慈善活动能力和社会公信力是其生存与发展的根本条件。

慈善组织评估就是根据慈善组织的特征，以特定统一的指标体系为评议标准，遵循规范的科学方法和操作程序，通过定性和定量的对比分析，对慈善组织在一定时间段的组织管理情况、业务活动情况和通过活动所产生的社会效益及影响等作出客观、公正和准确的判断。建立慈善组织评估制度，开展慈善组织评估工作，无论是对慈善组织自身发展，还是对政府管理以及社会公众的知情监督都具有十分重要的意义。

第一，开展慈善组织评估，可以实现"以评促建"的目标，有利于加强慈善组织自身建设，完善慈善组织的法人治理结构，促进慈善组织运行和管理水平的提升，实现慈善组织自我管理、自我完善和自我监督。

第二，开展慈善组织评估有利于政府管理部门全面了解慈善组织的运作状况，进而有针对性地进行监管，促进政府监管方式的科学化和规范化，也有利于为政府向慈善组织转移职能和购买服务提供依据，充分发挥慈善组织在社会治理和公共服务中的积极作用。

第三，开展慈善组织评估有利于开拓社会公众与慈善组织的制度化沟通渠道，强化社会对慈善组织的检查和监督，更好地动员、利用社会力量对慈善组织进行多方位监督。

自2007年以来，民政部先后出台了一系列部门规章和规范性文件，慈善法实施后，县级以上人民政府民政部门有必要根据慈善法的规定，对现有的评估制度进行完善，鼓励第三方机构，如中国慈善联合会等开展评估，逐步建立起专业化的社会监督机制，尽快建立健全符合我国国情的慈善组织评估制度。

107. 慈善法对慈善社会监督是如何规定的？

慈善活动是通过慈善组织、捐赠人、志愿者、受益人等慈善活动参与者，将社会上的人力、物力、财力等资源聚集起来，以捐赠财产和提供服务等方式，重新组织分配到扶贫济困等社会最需要的地方，实际上就是一次社会公益资源再分配的过程，公众关注度高，涉及社会责任大。慈善活动是否规范、是否公开透明关系到慈善资源的保护，关系到慈善事业的发展，必须建立起法律监督、政府监督、社会监督与自我监督相结合的慈善事业监督体系。慈善社会监督主要是指公民、法人和其他组织等社会力量，通过咨询、投诉、举报、曝光等途径对慈善组织及其负责人和执行人员进行的监督。自觉接受社会监督，是慈善组织及慈善活动其他参与者的义务和责任。

慈善法从以下两个方面对慈善社会监督作出了明确规定。

第一，建立投诉举报机制。慈善法第一百零八条第一款规定："任何单位和个人发现慈善组织、慈善信托有违法行为的，可以向县级以上人民政府民政部门、其他有关部门或者慈善行业组织投诉、举报。民政部门、其他有关部门或者慈善行业组织接到投诉、举报后,应当及时调查处理。"这里的社会监督主要是指公众监督,监督的方式是投诉、举报。监督的主体是任何单位或个人,被监督的对象是慈善组织及其管理人员、慈善信托委托人、受托人、监察人。监督的内容是慈善组织、慈善信托的违法行为。监督受理的主体是县级以上人民政府民政部门和其他有关部门或者慈善行业组织。民政和其他有关部门对慈善组织负有法定的监督管理职责,慈善行业组织对慈善组织负有行业规范、行业自律的职责,因此在接到投诉、举报后,无论是民政和其他有关部门,还是慈善行业组织都应当及时进行调查处理。这样就把慈善社会监督、政府监督、行业自律连接了起来。

第二,注重发挥舆论和社会监督作用。慈善法第一百零八条第二款规定:"国家鼓励公众、媒体对慈善活动进行监督,对假借慈善名义或者假冒慈善组织骗取财产以及慈善组织、慈善信托的违法违规行为予以曝光,发挥舆论和社会监督作用。"这里主要规定了发挥舆论监督的作用,通过曝光的方式增强社会监督的效力。监督的主体强调了公众和媒体,监督的方式主要指曝光,既可以通过广播、报刊、电视等传统媒体曝光,也可以通过互联网等新兴媒体曝光。监督的内容既包括前款所规定的慈善组织、慈善信托的违法违规行为,也包括假借慈善名义或者假冒慈善组织骗取财产的行为。被监督的主体既包括依法成立的慈善组织及其相关责任人，也包括未经慈善组织登记或认定的组织，以及假借慈善名义骗取钱财的自然人、法人和其他组织。

108. 政府有关部门滥用职权、玩忽职守、徇私舞弊应当承担什么责任？

为了加强对慈善事业的监督和管理，慈善法在有关条款中规定了民政等有关部门的监督和管理职责。为切实履行对慈善事业管理和监督职责，慈善法第一百二十条对县级以上人民政府民政部门和其他有关部门及其工作人员滥用职权、玩忽职守、徇私舞弊的行为，规定了相应的行政责任和刑事责任。

这里所讲的"滥用职权"，是指国家机关工作人员超越职权，擅自决定、处理其无权处理的事务，或者故意违法处理公务，致使公共财产、国家和人民利益遭受重大损失的行为。"玩忽职守"是指国家机关工作人员不履行或者不正确履行或者放弃其工作职责的行为。"徇私舞弊"是指国家机关工作人员为徇个人私利或亲友私情，置国家和人民利益于不顾的行为。对构成上述违法行为的具体内容，慈善法第一百二十条规定了六种情形，包括：（1）未依法履行信息公开义务的；(2)摊派或者变相摊派捐赠任务，强行指定志愿者、慈善组织提供服务的；(3)未依法履行监督管理职责的；(4)违法实施行政强制措施和行政处罚的；(5)私分、挪用、截留或者侵占慈善财产的；(6)其他滥用职权、玩忽职守、徇私舞弊的行为。

根据慈善法第一百二十条、第一百二十一条规定，县级以上人民政府民政部门和其他有关部门及其工作人员有上述滥用职权、玩忽职守、徇私舞弊行为的，由上级机关或者监察机关责令改正；依法应当给予处分的，由任免机关或者监察机关对直接负责的主管人员和其他直接责任人员给予处分。构成犯罪的，依法追究刑事责任。

一是行政责任。根据慈善法第一百二十条规定，对慈善事业负有管理和监督职责的县级以上人民政府民政部门和其他有关部门及其工作人员滥用职权、玩忽职守、徇私舞弊的，对直接负责的主管人员和其他直接责任人员给予处分。这里规定的处分的对象是"直接负责的主管人员和其他直接责任人员"。"给予处分"就是要按照公务员法的规定给予处分，处分分为警告、记过、记大过、降级、撤职、开除六种。实施处分的主体是上述人员的任免机关或者监察机关。

二是刑事责任。根据慈善法第一百二十一条规定，对慈善事业负有管理和监督职责的县级以上人民政府民政部门和其他有关部门及其工作人员滥用职权、玩忽职守、徇私舞弊,构成犯罪的,对直接负责的主管人员和其他直接责任人员依法追究刑事责任。这里讲的构成犯罪,是指构成刑法第三百九十七条规定的犯罪。刑法第三百九十七条规定,国家机关工作人员滥用职权或者玩忽职守,致使公共财产、国家和人民利益遭受重大损失的,处三年以下有期徒刑或者拘役;情节特别严重的,处三年以上七年以下有期徒刑。国家机关工作人员徇私舞弊,犯前款罪的,处五年以下有期徒刑或者拘役;情节特别严重的,处五年以上十年以下有期徒刑。根据刑法上述规定,构成本条的犯罪,除主体是国家机关工作人员外,还须具备以下条件:一是实施了滥用职权、玩忽职守或者徇私舞弊的行为;二是必须有由于滥用职权、徇私舞弊或者玩忽职守的行为"致使公共财产、国家和人民利益遭受重大损失的"后果。如果国家机关工作人员实施了滥用职权、玩忽职守、徇私舞弊的行为,但情节轻微,造成的损失不大,依照刑法的规定尚不构成犯罪的,属于一般违法行为,可以追究行政责任,依法给予处分。

需要强调的是,监察机关在追究违法的公职人员行政责任和刑事责任方面均负有重要职责。《中华人民共和国监察法》第三条规定,各级监察委员会是行使国家监察职能的专责机关,依法对所有行使公权力的公职人员进行监察,调查职务违法和职务犯罪，开展廉政建设和反腐败工作，维护宪法和法律的尊严。第十一条规定，监察委员会依照本法和有关法律规定履行监督、调查、处置职责：（1）对公职人员开展廉政教育，对其依法履职、秉公用权、廉洁从政从业以及道德操守情况进行监督检查；（2）对涉嫌贪污贿赂、滥用职权、玩忽职守、权力寻租、利益输送、徇私舞弊以及浪费国家资财等职务违法和职务犯罪进行调查；（3）对违法的公职人员依法作出政务处分决定；对履行职责不力、失职失责的领导人员进行问责；对涉嫌职务犯罪的，将调查结果移送人民检察院依法审查、提起公诉；向监察对象所在单位提出监察建议。

附　则

109. 慈善法对慈善组织以外的其他组织开展慈善活动作了什么规定？

慈善组织是慈善法调整的重点，涉及的条文最多。但是，慈善绝不是慈善组织的专利，慈善法鼓励人人参与慈善，全社会投身慈善。慈善法第五条规定："国家鼓励和支持自然人、法人和其他组织践行社会主义核心价值观，弘扬中华民族传统美德，依法开展慈善活动。"慈善组织以外的其他组织虽然不是以开展慈善活动为宗旨，但也可以多种形式参与慈善事业。

（一）慈善法关于城乡社区组织、单位的规定

慈善法第一百二十二条规定："城乡社区组织、单位可以在本社区、单位内部开展群众性互助互济活动。"本条所称"城乡社区组织"，主要包括社区党组织、村（居）民委员会、村（居）民小组和其他为本社区居民提供非营利

服务的组织;"单位"包括企业、事业单位等。

慈善法所称的"城乡社区"主要是指行政区域上的社区,一般为城市居委会或者农村村委会所管辖的区域。社区无论大小,都有居民居住,通常还有若干个社会组织或单位:在农村,设有村委会、村集体经济组织等;在城市,有社区居委会和企业、学校、商店等各种社会组织或单位。

社区组织也包括社区社会组织。2016年8月,中共中央办公厅、国务院办公厅发布《关于改革社会组织管理制度促进社会组织健康有序发展的意见》,明确提出"大力培育发展社区社会组织","对在城乡社区开展为民服务、养老照护、公益慈善、促进和谐、文体娱乐和农村生产技术服务等活动的社区社会组织,采取降低准入门槛的办法,支持鼓励发展"。"对符合登记条件的社区社会组织,优化服务,加快审核办理程序,并简化登记程序。对达不到登记条件的社区社会组织,按照不同规模、业务范围、成员构成和服务对象,由街道办事处(乡镇政府)实施管理,加强分类指导和业务指导"。2018年1月,民政部发布《关于大力培育发展社区社会组织的意见》,将社区社会组织定义为"由社区居民和驻区单位为主发起成立,在城乡社区开展为民服务、公益慈善、邻里互助、文体娱乐和农村生产技术服务等活动的社会组织。"在文件的指导下,各地开始大量登记、备案社区社会组织。社区社会组织的类型也逐渐丰富而多元，登记注册的组织，如民非形式注册的社会工作服务机构、专业服务机构，基金会形式注册的社区基金会，社会团体注册的社区社会组织联合会、社区志愿者协会等。这些组织依法登记注册，具备相应的组织结构、一定的专职人员和资源动员能力，能够搭建街道、居委会、基层党组织、社区居民、物业管理单位、周边商户的桥梁纽带，成为"五社联动"的重要主体，为社区居民开展互助互济提供服务支撑。在街道备案的社区社会组织，多为居民自发自愿组成的志愿服务队，兴趣小组、艺术团队等，虽然不是法人主体，但在公益慈善、生活服务、社区事务、文体活动等方面凝聚居民共识，组织居民活动，开展居民自治，丰富居民生活，对于打造共建共治共享的社会治理格局具有重要作用。

"互助互济"，是指社区居民之间或者单位同事之间对困难家庭或者个人进行帮扶、救济，或者为本社区居民或者本单位职工提供社会化公共服务的活动。互助互济活动的内容很多，主要有劳务互助、经济互助两种形式：劳务互助主要是为解决居民（职工）家务劳动负担重、老弱伤残者生活无人料理，以及有其他方面的需要帮助克服的困难，或者为发展集体公共事业而进行的、以提供劳务服务为主的互助活动。经济互助，是居民（职工）在经济上互相支援、互相帮助，或者捐赠财产发展本社区（单位）的集体公共事业。在我国加快推进社会主义现代化建设新的历史起点上，城乡基层正在发生新的深刻变革，作为城乡居民自我管理、自我教育、自我服务的基层群众性自治组织的社区居（村）民委员会承担的社会管理任务更加繁重，维护社会稳定的功能更加突出，居民群众对社区服务需求更加迫切，社区承担的公共服务功能日益增多。居民（职工）互助互济，以其群众性、互助性、方便性的特点和优势，在我国慈善事业中发挥着特殊的、不可替代的作用。

慈善法把城乡社区组织、单位开展群众性互助互济活动单写一条放在"附则"中规定，主要基于以下几个方面的考虑：一是城乡社区组织、单位开展互助互济活动，是具有中国特色的传统慈善活动。邻里守望相助、同事互相帮扶是中华民族的优良传统。"乡里同井，出入相友，守望相助，疾病相扶持，则百姓亲睦"，这是古代儒家著名代表人物孟子描绘出的一幅邻里相亲的美好图景。几千年来，中华民族传承互助互济传统美德，邻里之间互帮互助、和睦相处。城乡社区、单位是人们日常生活、学习、工作的地方，是社会的基础。慈善法倡导在社区、单位内部开展群众性互助互济活动，有利于促进社会和谐，更是对中华优良传统的继承和发扬。二是社区、单位内部的互助互济活动与其他慈善活动有区别。两者虽然都是为他人做善事，但现代慈善主要是通过慈善组织来运作，根据慈善法第八条规定，慈善组织以面向社会开展慈善活动为宗旨。而社区组织、单位不是慈善组织，慈善法第一百二十二条规定的互助互济活动，只在本社区、本单位内部进行。三是在法律适用上，互助互济活动内容丰富、形式多样，简便易行，在日常生活中随处可见，慈善法不需要对此类活动作出系统规定。但开展此类互助互济活动，也应遵守慈善法第四条规定的合法、自愿、诚信、非营利等原则，并参照慈善法其他相关规定进行。

需要指出的是，城乡社区组织、单位为了开展互助互济活动，可以向本社区居民、本单位职工募集款物。根据慈善法规定，不具有公开募捐资格的组织不得向社会公开募捐。城乡社区组织、单位在本社区、单位内部筹集互助互济所需款物，不属于向社会公开募捐，不需要取得公开募捐资格。但开展这种款物筹集活动应参照慈善法有关信息公开的规定，在社区、单位范围内公开相关信息，接受居民或者职工监督。

（二）慈善法关于慈善组织以外的其他组织的规定

慈善法第一百二十三条规定："慈善组织以外的其他组织可以开展力所能及的慈善活动。"现实中存在许多未经依法登记成立而长期或者临时从事慈善活动的公益性组织和其他组织。此条规定为慈善组织以外的其他组织开展慈善活动提供了法律依据，同时也为没有登记、以开展慈善公益活动为主的"草根"组织的生存发展提供了空间，体现了慈善立法的开放性和包容性。

正确理解本条含义，需要把握以下几点：一是本条所说的"慈善组织以外的其他组织"，是指慈善组织以外其他所有组织，既包括法人组织，如企业法人、机关法人、事业单位法人等；又包括依法登记的非法人组织，如合伙企业、个人独资企业等；还包括没有登记的组织，如以社区为活动范围，以满足城乡社区公共事务管理、居民文体活动、互助互济、志愿服务等需求为目的组织。二是"慈善组织以外的其他组织"在存续期间，可以根据自身情况开展力所能及的慈善活动。这里所说的"慈善活动"，是指非慈善组织利用自身资源，直接从事慈善法第三条所列举的公益活动，如扶贫济困、扶老助残、促进教育、防止污染等。各类组织由于自身属性、业务、规模、专长等不同，在开展慈善活动时，应根据法律规定和自身情况量力而行。三是"慈善组织以外的其他组织"开展慈善活动，在权利义务方面与慈善组织有所不同。比如，非慈善组织开展慈善活动不能公开募捐、不具有出具公益性捐赠税前扣除票据的资格等，也没有履行慈善组织信息公开的法定义务。如果与受益人等发生纠纷，应当按照民法或者其他法律的相关规定处理。但这些组织开展慈善活动，也要遵守慈善法规定的合法、自愿、诚信、非营利原则，进行捐赠和提供服务时，也要遵守慈善法有关慈善捐赠和慈善服务的规定。同时，在慈善事业发展中做出突出贡献的，同样可以受到政府表彰。

110. 修改后的慈善法为什么将个人求助写入附则，是如何规范的？

个人求助是指自然人为了解决自己或者家庭的经济困难，向国家和社会请求帮助。个人求助是公民的权利，在个人或家庭遇到自身难以解决的困难时，既可以向国家（政府）请求帮助，也可以向社会请求帮助。

个人求助不同于慈善募捐，2016 年通过的慈善法没有对个人求助作出规定。但近年来由于互联网的快速发展，个人因病通过网络求助的情形越来越多，并催生了开展网络求助服务的互联网平台型企业。有的大型平台几年来已有几百万个人通过其平台筹集到数百亿元医疗救助金。这些平台的兴起，对于因病陷于贫困的患者向社会求助，筹集医疗费用，解决各类救助资源不足等发挥了积极作用。但随之而来的，是市场化大病求助模式带来的各种乱象，如求助者虚构或夸大病情，通过文案宣传赚取"眼泪筹款"；求助者隐瞒实际经济状况，个别多套房多辆车的人也在网络上求助筹款；个别求助平台发展所谓"志愿者""第三方机构"协助筹款，收取高额服务费，甚至出现雇用线下业务员在各地医院"扫楼"拉用户、争抢用户的乱象；更有甚者，不法分子通过大病求助实施诈骗等。这些情形扰乱了个人求助市场秩序，辜负了捐款人的爱心。个人求助虽然不属于慈善募捐，但社会公众对因病求助个人的资助行为具有慈善的性质，在公众认知中，个人求助与慈善事业高度关联，个人求助暴增带来的乱象会挫伤人们的慈善热情，造成社会公众对慈善事业公信力的质疑，危害慈善事业发展。有关方面要求对个人网络求助加以规范的呼声越来越高。慈善法修改回应社会关切，在附则中新增一条，对求助者和个人求助网络服务平台作了规范。

(一) 对求助人和信息发布人的规范。

"个人因疾病等原因导致家庭经济困难，向社会发布求助信息的，求助人和信息发布人应当对信息真实性负责，不得通过虚构、隐瞒事实等方式骗取救助。"这里需要强调三点：一是因疾病等原因导致家庭经济困难是个人求助的前提条件。什么是"家庭经济困难"，目前还没有明确界定，通常而言，低保证明是比较充分的佐证，但不是唯一的佐证。二是向"社会发布求助信息"是指向社会不特定的人发布求助信息，在单位、社区、亲属内部发布求助信息不属于"向社会发布"，而通过媒体、社交软件发布求助信息则属于"向社会发布"。三是求助人和信息发布人应当对信息真实性负责。信息发布人可能是求助人，也可能是求助人的亲戚朋友，还可能是有关组织或者平台。不管是谁发布，都应对信息的真实性负责，以虚构、隐瞒事实等方式骗取救助，要承担相应的法律责任。对于转发求助信息的个人和单位，也应尽可能地核实信息的真实性并在信息内容中注明转发，尽量避免虚假信息流传，误导公众。

（二）对个人求助平台的规范。

慈善法规定："从事个人求助网络服务的平台应当经国务院民政部门指定，对通过其发布的求助信息真实性进行查验，并及时、全面向社会公开相关信息。"这一规定，一是明确要求平台应当经国务院民政部门指定，不经国务院民政部门指定，在2024年9月5日修改决定施行以后，不得从事个人求助网络服务。二是明确了平台的服务职能，个人求助平台不仅是信息的交流传递，还应该承担服务责任，应该提供专业的信息服务、查询服务和资金监管服务等。三是明确了平台的信息查验和公开责任，对于通过平台发布的各类求助信息应该进行检查、验证、核实，并及时、全面向社会公开相关信息，接受公众监督。

（三）个人求助平台的具体管理办法授权国务院民政等部门另行制定。

新修改的慈善法将个人求助放进"附则"中，是由于个人求助平台是新生事物，商业性和公益性的界定还不够清晰，当前，网络信息技术的发展非常迅速，网络求助平台的类型、运营也比较复杂，目前难以在法律中作出具体规范。因此，法律授权国务院民政部门会同网信、工业和信息化等部门另行制定具体管理办法。

111. 慈善法从什么时候开始施行，法律通过并公布后为什么间隔一段时间才施行？

慈善法第一百二十五条规定："本法自2016年9月1日起施行。"法律的施行日期是就是法律的生效时间。立法法第六十一条规定："法律应当明确规定施行日期"。明确施行日期是法律得到有效实施的必要前提。

我国法律关于施行日期的规定，主要有两种情况：一是规定在法律通过以后的一段时间才施行，即施行的日期晚于通过的日期。立法实践中这种情况较为常见。比如，2012年12月28日第十一届全国人大常委会第三十次会议修订通过的老年人权益保障法，其施行日期是2013年7月1日。二是规定法律自公布之日起施行。比如，2015年7月1日第十二届全国人大常委会第十五次会议通过的国家安全法第八十四条规定："本法自公布之日起施行。"

慈善法属于第一种情况，其通过与公布时间是2016年3月16日，施行时间是2016年9月1日，从公布到施行间隔近半年时间；全国人大常委会关于修改慈善法的决定通过与公布时间是2023年12月29日，施行时间是2024年9月5日，从公布到施行间隔超过9个月。这主要是为法律的顺利实施留出准备时间，做好充分的准备工作。

一是要理顺慈善法与现行相关法律、法规、规章、办法、规定等规范文件的关系，处理好新制度与老办法的过渡与衔接。慈善法与同位阶的信托法、公益事业捐赠法等法律的关系，应遵循"新法优于旧法""特别法优于一般法"的原则适用；与相关行政法规、规章、办法、规定等的关系，应遵循"上位法优于下位法"的原则适用，与慈善法相冲突的，要予以废止或修改。比如，基金会管理条例、社会团体登记管理条例、民办非企业单位登记管理暂行条例三部行政法规，以及慈善组织认定办法、公开募捐管理办法等，要根据新修改的慈善法精神抓紧修改。

二是慈善法规定的一些措施制度需要配套规定具体化，有关部门应当抓紧制定有关配套文件。比如，慈善组织募捐成本管理办法、慈善信托公益支出和管理费用比例、个人求助网络服务平台管理办法等。当然，一部法律的施行，并不是要等所有配套规定出台后才能施行，通常情况是法律施行前先出台必不可少的，其他配套办法可在法律施行后陆续出台。

三是要做好慈善法的宣传普及工作。慈善法是慈善制度建设的综合性、基础性法律,涉及面宽,与自然人、法人和其他组织都有关系。有关部门和社会各有关方面应当采取灵活多样、行之有效的方式,做好慈善法的学习宣传普及工作,努力做到家喻户晓、深入人心,为法律的实施创造良好条件。

另外,法律的时间效力问题,还涉及法律对其实施前的行为有无溯及力的问题。法律的溯及力,即溯及既往的效力,是指法律施行后对生效前的行为是否适用的效力,如果适用,就表明具有溯及力;如果不能适用,则说明没有溯及力,也就是所谓的"法不溯及既往"。我国的法律,除明确规定可溯及既往的情况外,一般没有溯及力。慈善法对溯及力问题未作规定,可以认为本法没有溯及力,对于本法施行以前的行为,不适用本法的规定。

后　记

2016年3月16日，第十二届全国人民代表大会第四次会议通过《中华人民共和国慈善法》，开启了中国现代慈善的法治化进程。为了配合慈善法的学习贯彻，全国人大原内务司法委员会内务室和民政部政策法规司组织参加法律起草工作的同志，编写了《中华人民共和国慈善法学习问答》（下称"2016学习问答"），简明扼要地阐释慈善法的重点内容和立法本义，受到了读者特别是业界人士的欢迎，一经出版即销售一空，2016年4月—9月，5个月内印刷了4次。参加"2016学习问答"编写的有（按姓氏笔画排序）：于建伟、马昕、王行最、王振乾、王萍、尹冬华、孔德福、朱恒顺、刘新华、刘磊、许灿、孙卫东、杜榕、李旭丹、李莉、李健、沈东亮、沈东曙、陈百灵、汤剑军、武英、孟志强、段荣芳、俞建良、徐嫣、黄怡捷、龚仁伟、詹成付、廖鸿。于建伟同志对本书进行了统稿审定。

2023年12月29日，十四届全国人大常委会第七次会议审议通过《全国人民代表大会常务委员会关于修改〈中华人民共和国慈善法〉的决定》（下称《决定》），谱写了我国以法促善的新篇章。根据一些读者和出版机构的建议，"2016学习问答"主编于建伟同志邀请参加慈善法修改工作的同志以及专家学者、公益慈善实务工作者，在"2016学习问答"的基础上，编写了2024年版《中华人民共和国慈善法学习问答》，将《决定》的精神和2016年慈善法通过后出台的相关配套规定的内容吸纳进来，进一步增强了本书的时代性和实用性。

参加2024年版《中华人民共和国慈善法学习问答》编写的有（按姓氏笔画排序）：于建伟、何国科、赵廉慧、秦东瑞、黄浠鸣等。全国人大原内务司法委员会内务室主任、中国老龄事业发展基金会理事长于建伟同志对本书进行了统稿审定。

本书如有不当或疏漏之处，敬请读者批评指正。

编　者
2024年8月

图书在版编目（CIP）数据

中华人民共和国慈善法学习问答 / 于建伟主编. --2版. --北京：中国法制出版社，2024.8
ISBN 978-7-5216-4389-3

Ⅰ.①中… Ⅱ.①于… Ⅲ.①慈善法-中国-问题解答 Ⅳ.①D922.182.3-44

中国国家版本馆CIP数据核字（2024）第058109号

策划编辑：谢 雯　　　　责任编辑：白天园　　　　封面设计：李 宁

中华人民共和国慈善法学习问答
ZHONGHUA RENMIN GONGHEGUO CISHANFA XUEXI WENDA

主编/于建伟
经销/新华书店
印刷/三河市紫恒印装有限公司
开本/880毫米×1230毫米 32开　　　印张/10 字数/167千
版次/2024年8月第2版　　　　　　　2024年8月第1次印刷

中国法制出版社出版
书号 ISBN 978-7-5216-4389-3　　　　　　　　　定价：39.00元

北京市西城区西便门西里甲16号西便门办公区
邮政编码：100053　　　　　　　　　　　传真：010-63141600
网址：http：//www.zgfzs.com　　　　　编辑部电话：010-63141792
市场营销部电话：010-63141612　　　　印务部电话：010-63141606

（如有印装质量问题，请与本社印务部联系。）